陳福成著

文學叢刊

在「鳳梅人」小橋上

——中國山西芮城三人行

文史哲出版社印行

國家圖書館出版品預行編目資料

在「鳳梅人」小橋上：中國山西芮城三人行
/陳福成著 -- 初版 -- 臺北市：文
史哲,民 100.04
頁; 公分（文學叢刊；248）
ISBN 978-957-549-962-4（平裝）

857.85　　100005823

文學叢刊 248

在「鳳梅人」小橋上

— 中國山西芮城三人行

著者：陳福成
出版者：文史哲出版社
http:// www.lapen.com.tw
e-mail：lapen@ms74.hinet.net
登記證字號：行政院新聞局版臺業字五三三七號
發行人：彭正雄
發行所：文史哲出版社
印刷者：文史哲出版社
臺北市羅斯福路一段七十二巷四號
郵政劃撥帳號：一六一八〇一七五
電話886-2-23511028 · 傳真886-2-23965656

定價新臺幣四八〇元

中華民國一百年（2011）四月初版

ISBN 978-957-549-962-4　　08248

在「鳳梅人」小橋上
——中國山西芮城三人行

目錄

序　山西芮城緣之緣——三人行後的雜感……六
照　片……一三
緒論　關於「中國山西芮城三人行：考察之旅」……四五
第一篇　簡說：芮城行腳日記……五一
第一天　出發，到山西芮城……五三
第二天　永樂宮・大禹渡・黃河魚……五八
第三天　中國・芮城海峽兩岸道德文化交流會……六七
第四天　解州火神廟、關帝廟和關帝常平村故里、舜帝陵……七九
第五天　洪洞蘇三監獄・大槐樹……八八

第六天　洞賓故居、歷山、風陵渡、西侯度、朱陽村、餞行……九六
第七天　出芮城，經洛陽到鄭州……一〇六
第八天　青陽九華山果飛法師；兵馬，非俑……一一二
第九天　回顧、歸程……一一九

第二篇　詳說：芮城古今人與事……一二三

第一章　芮城古今好風光……一二五
第二章　大純陽萬壽宮．永樂宮……一三五
第三章　關於「西侯度」村與「西侯度遺址」……一四六
第四章　芮城藝文芮城情：趙志杰的楹聯……一六四
第五章　芮城「天籟之音」：女作家張西燕……一七三
第六章　芮城書、畫名家展……一八二
第七章　中國「古歷史文化學」專家黨忠義……一九九
第八章　「道家呂仙修行養生專家」侯懷玉……二一〇
第九章　芮城詩人李孟綱的詩教人生……二一八

第三篇　詩說：山西芮城詩歌之旅

第三篇　詩說：山西芮城詩歌之旅……一二三
在那遙遠的地方……一二五
老太夫人……一二七
合林寺……一二九
大禹渡的氾濫……一三一
謁大禹廟……一三三
大禹渡，黃河岸……一三五
恭請大禹到台灣……一三八
天籟：聽張西燕朗誦劉焦智的長詩……一四〇
這壺好茶……一四二
芮城逛大街……一四四
過中條山……一四六
關公常平村故里……一四八
我們泡在鹽裡……一四九
常平村一老者……一五一

謁舜帝……二五三
蘇三監獄・感懷……二五五
大槐樹的心事……二五七
舜耕歷山……二五九
風陵渡，初冬……二六一
過黃土高原……二六四
西侯度的老祖們……二六六
悠遊朱陽村……二六八
醉臥芮城……二七〇
過少林寺……二七二
西安，驚鴻，夜……二七四
佇立秦帝陵前……二七五
兵馬，絕非俑……二七六
西安・黃昏・陰陽界……二七九
我們正在穿越生命之河……二八一

天有情・天不老……………………………………二八四
給芮城藝文界朋友們……………………………………二八七
第四篇　再說，芮城兩岸道德文化交流會說了甚麼？……………………………………二八九
第一章　吉自峰先生：中國・芮城海峽兩岸道德文化交流會報告辭……………………………………二九一
第二章　張亦農先生簡介籌備情況暨致歡迎詞……………………………………二九五
第三章　中共芮城縣委常委、宣傳部長余妙珍女士致辭……………………………………三〇〇
第四章　陳福成：中國統一的時機快到了……………………………………三〇四
第五章　西建集團董事長劉智強先生：企業發展離不開孝道文化……………………………………三一三
第六章　會後・感懷……………………………………三一九
第五篇　補說：劉焦智，「二弟智強與衆不同的優缺點」……………………………………三二三
結論　給祖國，我們心中永恆的中國，忠誠的檢討、建議……………………………………三七一

序　山西芮城緣之緣

──三人行後的雜感

從山西芮城回來已快五個月了，「三人行」就要出版，再贅數言爲序！

沒想到我這輩子會和祖國的山西芮城有這份「良緣」，而這良緣的緣頭，從我幾年前開始讀劉焦智兄的「鳳梅人」報，及接著讀張亦農兄寄來的「永樂宮志」，這種良緣如一朵美麗的漣漪，在中華文化的芳香湖面，向四周漫溢、悠遊……瀲灩的水花……也引人……

良緣必有情緣，吳信義兄、吳元俊兄，我們一起完成「芮城三人行」。

焦智兄，我們可能 180 萬年前就是住在西侯度的鄰居！

這情緣漣漪又向四方擴散、擴散……當本書即將付梓時，我和中國詩歌藝術學會理事長林靜助先生、葡萄園詩社主編台客先生，已共同約定，今年（二〇一一）九月山西芮城有盛典，我們將組一個台灣代表團參與盛會，再看芮城好風光。

本書除緒論、結論外，區分簡說、詳說、詩說、再說及補說五篇。結構力求完整，但五說並非我一家之說，而是「各家」之說。是故，本書實際上又超出了「著」的範圍；而有「編」的事實，這是必須說明並向各家報告的！

當我從芮城回台幾個月後，收到全版彩色的「鳳梅人」報總第六十七期，第一版一排祝賀大字：

芮城縣老年書畫研究會祝賀西建集團董事長
劉智強令郎忠森與張敏（辛卯年正月十二）喜結良緣

原來劉忠森（見書前彩色照、文內黑白照）要成家立業了，可喜可賀！以本書出版的機會，爲忠森、張敏小倆口祝福，正是「香車迎淑女　喜酒宴嘉賓」「緣結三生」。我們這次的芮城三人行，按觸到幾位新一代的年青年，劉崇羽、劉忠森、陳斌斌、董衛國，深感中國新一代和我們這些「老一代」，有很不一樣的特質，更和台灣年青一代也不同，他們沈穩、有朝氣，有幹勁，有願景！

從他們身上，我看到芮城，乃至中國的未來，這種「沈穩、幹勁」，又有深厚的文化底蘊之熏染，是當前吾國崛起過程中，一股「穩定中，漸進發展、改革的重要力量」。而不是像台灣年青一代，光想造反、想顛覆、想把過去丟光光，想把傳統一腳踢開。幸好的是，像這樣小島上一點點「歪風」，對我們整個國家民族而言，產生不了影響力，這是一點點個人感觸！

台灣社會爲何會「質變」成這樣？照我的深究解讀，「台獨邪風」是很大的關係。是故，「台獨」這種分離主義思想，不僅是吾國文化和政治上的「毒素、異形」，也是台灣社會最深的「邪術、毒素」，不徹底「清洗」掉，台灣社會絕對是永無寧日，很難成爲一個「正常的社會」！

我和焦智兄有如此緊密的連繫，這座「鳳梅人」小橋上如「粉旖旎兮都房」，飄灑著文化詩歌的馨香，而且現在正不斷擴大其影響面。若要追到源頭，「反制台獨、促成統一」，就是我們心中最原始的願力。劉焦智所想、所做，我所想、所做，都是想用文化、文藝的力量，促進兩岸更多交流，加速國家之統一。我以爲，廿一世紀所有中國人、炎黃子孫，最該做而值得做的春秋大業，就是促成國家、民族的統一、繁榮和強大。（陳

福成記於二〇一一年三月初）

這些年來，我走過大陸一些城市（此行外，尚有北京、江西、四川含垂慶、海南、浙江、安徽等），我善於觀察研究。爲甚麼我一直覺得台灣社會正在沈淪，而大陸社會正在提昇（或說迎頭趕上、恢復）？還有一個指標做觀察依據，就是教育部門是否把「中華文化基本教材」列爲各級學校必修課？這對社會各層面影響很大。

台灣在兩蔣時代，至少舉起「復興中華文化」大旗，中國文化的重要經典（四書最要），是各級學校必修，社會上至少算是合乎「四維八德」的格局，社會散發出中華文化的芳香。

近二十年來，從李登輝這老不死的、老蕃顛開始，加上獨派八年的「陳水扁僞政權」，大搞「去中國化」，也廢了各級學校對中華文化課程的必修（小孩當然希望都不用讀書最好）。於是，台灣成爲一個無恥的社會，「篡竊文化」視爲「個人自由」，看不到中華文化的芳香，只剩統獨鬥爭，沒有是非，沒有人性，南部地區更特別嚴重，只要說「爲台灣人民」，可以洗錢，可以嫖妓（如陳阿扁的兒子），都無罪，還把選票投給他，這已非「無恥的社會」可以形容！

有人或許說，馬英九已上台三年了，不會改善嗎？君不知「破壞容易建設難」。最近統派執政者要把「中華文化基本教材」恢復，列各級學校必讀，「毒草」拼命阻擋，真是「一粒老鼠屎壞了一鍋粥」，自由時報更乘機醜化。所以，台獨思想真是台灣社會的「老鼠屎」，台灣社會的毒素和亂源。

相同的指標，我也在觀察大陸，復興中華文化在大陸目前已成「顯學」。我在芮城所看到的，不論縣政府、民間、鳳梅人、西建集團，看到他們在恢復中華文化上的用心，真的很感動，所以我說大陸社會正在提昇，而台灣社會政在沈淪，統派有心挽救，但很難。（陳福成記於二〇一一年三月十日）

前些日子焦智兄e來一個簡信，意謂倭奴國發動第三次侵華戰爭（第一次於明萬歷年間、第二次一八九五年、第三次即我國八年抗戰），對全體中國人造成的傷害，半世紀來兩岸政府竟說不用賠了（當成政治籌碼），實在不合公理天意，多少人民生命財產的損失能不找「鬼」子要嗎？應該發起「日本國自覺賠償」。如此，受益者還是倭奴子民，因爲他們子孫心中有了「公理正義」的根苗，也受到國際的敬重。

我舉雙手同意焦智兄的看法，發起一個「日本民間對侵華戰爭自覺賠償」之類的運動。台灣在兩蔣時代，高舉「以德報怨」的大旗，自稱是「聖德」，而倭奴根本不領情。後來我看到一些著作批判以德報怨的大錯，我自已著作也有好幾本指出老校長（蔣公），以德報怨大錯特錯，因此丟掉江山這是原因之一（重要原因）。

我幾次大陸行（含這次芮三人行），都有人向我問起「日本問題」，認爲他們未來極有可能再發動「第四次侵華戰爭」，因爲這是「大和民族的天命」，除非「日本沈沒」真的發生了。但我不擔心「日本問題」，較擔心我們自己，爲何？

試想，中國人口土地資源比日本大多少倍？卻擔心著小鬼打來。就像一隻大老虎，成天擔心一隻小貓來擾亂，這成何體統？我認爲關鍵在中國人自己是否「覺悟、警覺、有備」。如果中國人自覺、覺他，便會有警覺、有準備，有誰敢來欺侮這隻地球上第二大的大老虎、大獅子；而按人口算，還是第一大呢？

反之，若中國人自己不覺悟，不警覺，光會打內戰、搞內鬥；又不團結，搞分裂、不長進，別說小日本打來，更小的「略食者」也會來撈些好處。中國人再多有何用？不過是幾億隻豬，任人割食吧！

許多人不知道，光緒時八國聯軍簽訂的「辛丑和約」，滿清除賠款八大國（俄德法英日美及意大利、奧地利，另有六小國（比利時、荷蘭、西班牙、葡萄牙、瑞典、挪威），也聲稱是受害者，各得清政府數百萬銀兩，才打發了各方「搶食者」。

這回的芮城三人行後，我看的更清楚，中國人真的醒了，全清醒了。剩下小島上還有一些人死不醒，讓他們去吧！跑不掉，也沒多大作用。毛澤東說過：「讓他們跑吧！跑不了一百年！」。一些雜感，權充爲本書出版序。（二〇一一年三月十八日，陳福成誌於台灣台北萬盛山莊）

芮城的新一代劉忠森（左）

《鳳梅人》、西建人在西安機場喜迎臺灣摯友陳福成（右三）、吳信義（右二）、并合影留念。

劉焦智庚寅（2010）年 9 月 26 日，攝於自己的微型辦公室

永樂宮的「道教文化周記事」碑文，有台灣指南宮董事長高忠信先生同參恭頌醮辭，曰：「中華同根同祖、兩岸三地、共興共榮」。

左起：劉崇羽、張亦農、吳信義、劉焦智、天使熊貓、陳福成、吳元俊、吉自峰、趙國慶。

永樂宮
彰显芮城道教文化底蕴 打造芮城传统文化品牌

中國・山西・芮城大禹渡風景區
與大禹合影留念（左起吳信義、吳元俊、陳福成）

合照於聖水觀音前。左起：張亦農、吳信義、本書作者陳福成、劉焦智、吳元俊、吉自峰

師兄弟三人攝於神柏前（大禹所植，已四千多歲，仍枝葉茂盛。）

在大禹渡山頂。（遠處的山洞是古人的居住地，黃土高原一帶古來有很多這種居住方式。）

左起：西建集團董事長劉智強、吳信義、芮城縣委宣傳部長余妙珍、陳福成、吳元俊、芮城電視台主編張西燕。

師兄弟三人攝於會議現場

21 照 片

劉焦智的二弟、西建集團總經理智民兄贈中國古幣

在西建集團辦公室內（最左是智強兄的長子劉忠森）

上個世紀，國、共兩黨打的昏天暗地，就讓歷史歸歷史吧！現在要兩黨合作促成國家統一；中國目前的崛起、繁榮、建設，更須要中國共產黨強而有力的領導，廿一世紀才會是中國人的世紀。

過中條山，中途停車照相，山上白茫茫一片！

關帝廟
精忠貫日
2010/11/01

關帝廟
春秋一書代表著民族精神
忠義二字团结了中华儿女
2010/11/01

在解州鎮常平村關王故里

在解州中學大門口

左圖：在「有虞帝舜陵」前
下圖：在舜帝像前

明代监狱
明代監獄
2010

第三还願処
2010/11/02

四大名旦唱蘇三
从左到右依次为程砚秋、尚小云、梅兰芳、荀慧生
照片攝於
蘇三監獄中
2010/11/2

關帝廟
(樓)
2010/11/02

在吕公祠，正中央是增博道人

在歷山村，和耆老在舜王廟前留影

左起：吉自峰、劉智強、吳元俊、陳福成、劉焦智、吳信義、張亦農

右上圖：在歷山村，樹下是舜後母「落井下石」位置

風陵渡畫船上的詩畫

在三門峽

在嵩山少林寺大門外

在嵩山少林寺

兵馬俑挖掘現場

劉智強兄弟捐建的朱陽村小學，左四是楊校長。

臨行大早再到焦智兄的「鳳梅人」報館巡禮

趙志杰作品（右：范世平）

左圖：楊雲作品
下圖：趙志杰（左）作品（右：吳信義）

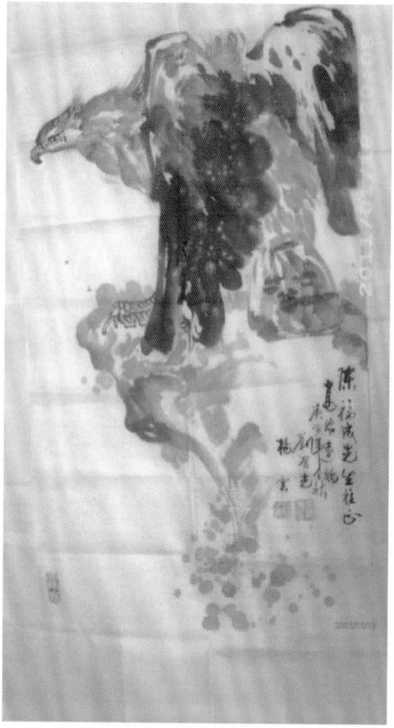

劉有光、楊雲作品

劉有光作品

雨林（郭玉琴）作品

37 照　片

朱陽村劉家古宅（地下窯洞式民居），最左：劉滿囤。

国际出发 2
2010/11/04

在鄭州國際機場

秦始皇帝陵博物院
EMPEROR QINSHIHUANG'S MAUSOLEUM SITE MUSEUM
国家一级博物馆 国家AAAAA级旅游景区
当日有效
秦始皇帝陵
博物院
普通票
110
NO.1000478806
报销凭证

左二：在歷山耕田的鄉民

西侯度遺址管理員薛俊虎（右）

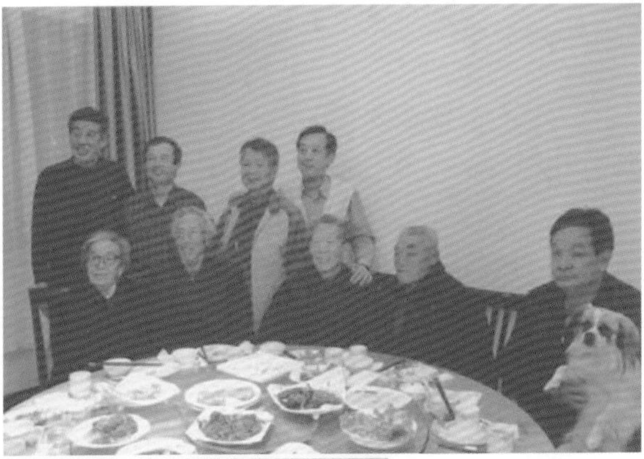

蕪城文友們

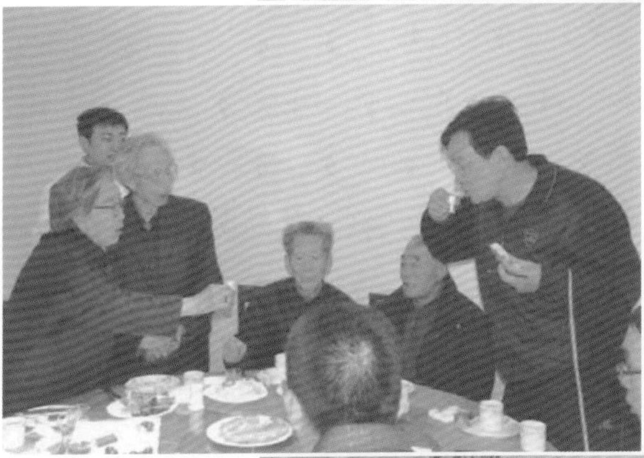

蕪城文友們

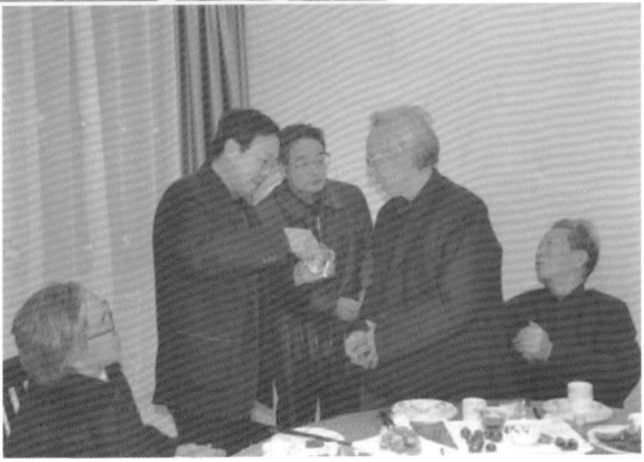

左起：郭玉琴、吉自峰、張亦農、楊雲、劉有光

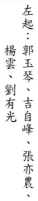

在朱陽村劉家古宅

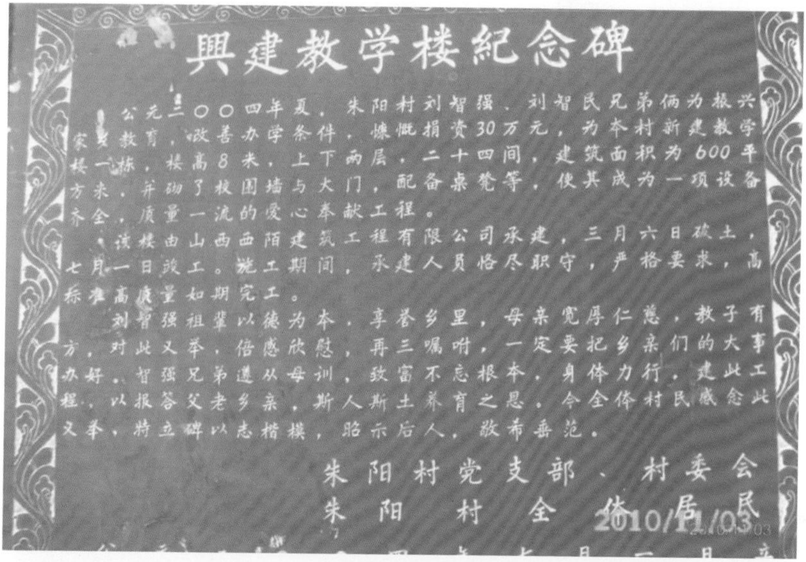

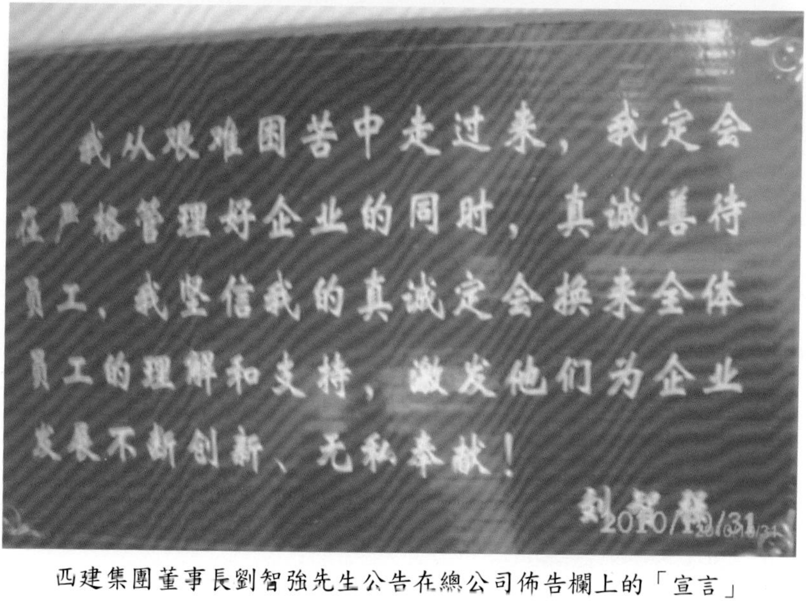

西建集團董事長劉智強先生公告在總公司佈告欄上的「宣言」

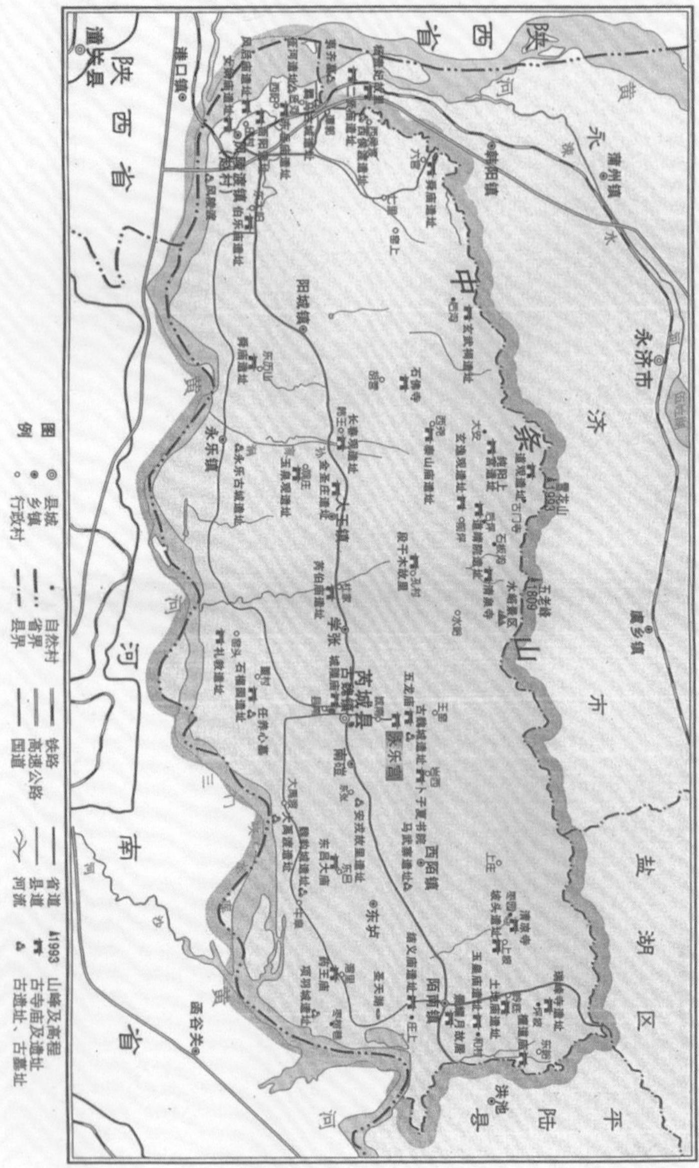
陕西省
河南省
黄河
中条山
永济市
盐湖区
平陆县
芮城县
阳城镇
永乐镇
大王镇
西陌镇
陌南镇
东垆
风陵渡镇
韩阳镇
蒲州镇
潼关县
永乐宫
图例
县城
乡镇
行政村
自然村
省界
县界
铁路
高速公路
国道
省道
县道
河流
山峰及高程
古寺庙及遗址
古遗址、古墓址
芮城县旅游景点分布图

緒論　關於「中國山西芮城三人行：考察之旅」

自從二〇一〇年四月，「山西芮城劉焦智『鳳梅人』報研究：論文化文學藝術交流」一書，（以下簡稱「鳳報研究」）由文史哲出版社（彭正雄發行，台灣台北）正式出版後，我開始有一個衝動，書已出版上市，卻仍未見過芮城那些朋友。

而芮城的焦智兄早在一年多前，便已一再盛情地要我走一趟芮城，都因個人俗務纏身，未能往訪，心中也一直覺得有事未了，正好二〇一〇年十月底在武漢中南財經政法大學新聞與文化傳播學院主辦，「第十六屆世界華文文學國際學術研討會」，我已獲邀請參加，並發表一篇論文，三、四間我已完成報名手續，還以「鳳梅人」研究爲主題，早已把論文傳送給主辦單位，我更早在八個月前就開始管控時間，把任務移開，以期待十月底的武漢行。心中也還盤算著，如何可以和焦智兄碰上一面！或到芮城走一趟，一天也好！

誰知人算不如天算，「計畫趕不上變化」（台灣很多人笑話說加一句「變化趕不上老婆一句話」！

主辦單位臨時又把研討會提前到十月初，打亂了我將近一年的時間管控，真是計畫趕不上變化。但也因如此，使芮城之行意外的「瓜熟蒂落，啐啄同時」。

我以原來計畫用於武漢行的時間，改成芮城行，並和芮城的劉焦智兄研商大致時程事宜，九月已製成定案。因爲同行者尚有我兩位師兄，吳信義和吳元俊學長，吾等三人同在台大主任教官退休，因緣際會有很多共同參與的活動。

也因吳元俊師兄的熱心推動，吾等三人於二〇〇七年十二月廿二日，在國父紀念館皈依星雲大師座下（同時皈依者尚有一位關麗蘇師姊），成爲佛教臨濟宗第四十九代弟子。我們珍惜這個千載難逢之良緣，諸多有益或成長活動，都「拉著」一同參加，幾乎每年暑假同時參加佛光山的「佛法研習夏令營」，其殊盛真是不可說！不可說！若有人一生都未曾參加此類活動，真是很遺憾！很遺憾！

像芮城行也是一生難逢的機緣，我自然是要拉著有緣的好友同行，「好東西要和好友分享，一人獨享難見其好，多人同行熱鬧好玩。」好友而無緣同樂，也是美中不足的遺憾；好友又有緣同行同樂，走同一條路，才算是一種「圓滿」。

所以，這次芮城行有二位師兄與我同行，得到芮城朋友們熱情接待，讓我圓滿完成「考察與資料蒐集任務」，真是時機天成，行程圓滿。相信是芮城劉焦智兄弟、余妙珍部長、張亦農兄及諸多朋友們！當然對吾等三人，都是人生中最珍貴的一段情，我們永遠忘不了這段情。

「鳳報研究」一書出版後，我另有一個動機，應該再寫一本鳳報研究的續篇」（或補篇），如此必須親臨其境，蒐集相關資料。

第一、「鳳報研究」一書，對諸多歷史重要景點，如永樂宮、西侯度等均講的不夠清楚；芮城風土人情習俗及其背景，所述過於簡略。

第二，以芮城爲中心向四方延伸不遠，東至洛陽、鄭州；北到太原、臨汾；西到西安、咸陽；南到南陽、襄陽。這一帶，是我中華民族自三皇五帝以降，數千年「寶物」和文化，珍藏和發源之重鎮。往昔有我個人著作「遊走」於這一帶的書寫，不知幾十冊！此時不來，尚待何時？機會就快沒了！

第三、黃河一路沿山西和陝西交界向南流，到風陵渡（在芮城以西不遠），來個大轉彎向東流。據聞氣勢壯觀，可惜此生尚未見過「黃河水」有多黃！此行也是一個良機，身爲一個中國人，終身一生未睹黃河真面目，豈不遺憾！

爲此，我是「玩真的」，行前認真做功課，全程九天，隨時寫筆記，專心蒐集資料。本書除緒論、結論外，分五篇，可略稱「五說」。

第一篇，簡說：以日記呈現，詳實而簡要。

第二篇，詳說：以專題研究呈現，一文一主題。

第三篇，詩說：以現代詩文體呈現，那是在我血液迴流千年的感覺。

第四篇，再說：芮城兩岸道德文化交流會說了甚麼？

第五篇，補說：認識芮城西建集團主持人劉智強。

全書各章節，盡可能配合圖照，以收視覺上之效果，許多歷史景點除文字說明外，再有照片，相信更增臨場感和吸引力，這也是一本「遊記書」重要的一部份。本書照片都來自信義和元俊二位師兄、芮城電視記者王照威先生及諸多芮城朋友們，這些照片讓本書增色添彩許多，感謝！感恩！

在結論部份，我做一個直誠的檢討，畢境這世界沒有任何地方是完美的，總會有一些問題，尤其中國正在崛起，有問題是自然的。就政治發展而言，中國目前是「發展中國家」，正在轉型，也正是出現問題的時候。吾人總希望自己的國家、自己的民族，問題越少越好，才能越來越進步。

再者，我從小以「生長在台灣的中國人」自居爲榮，總認爲「我是中國人，當然是中國的主人翁。」中國是我的國家，在中國領域內，我是主人，所以我是以「主人」的心態，對自己未曾去過的家園進行一項考察。本書以「考察」之名，在彰顯我的嚴肅性，不是光來玩的，更不是看熱鬧。即是考察，有缺失我自然要講出來，一片赤誠，不外期待中國能有更多的改進，提昇各項水平，在國際上才能讓人敬重。

自以爲是一個「主人」來到芮城，但芮城余部長及縣府各級官員，及焦智、智強、智民及亦農兄……待我等三人如上賓，佳餚美酒，盛情款待，全程陪同，吾等三人真是何德何能！受此榮寵。只有在台灣爲宏揚中華文化、爲兩岸交流、爲國家之統一，多盡心力，以報芮城諸君隆情厚誼於萬一。（本文以吳信義、吳元俊、陳福成三人之名寫，並先發表於「葡萄園」詩刊，第一八九期（二〇一一年．春季號），二〇一一年春　台北）

第一篇　簡說：芮城行腳日記

芮城的新一代劉忠森（左）

第一天　出發，到山西芮城

二〇一〇年十月二十九日，星期五，多麼期待的一天，從幾個月前開始計畫著，今天就突然到了，而且要出發了。就在要出發之際，我們三人之一的吳元俊已於昨天先到鄭州，而且也和芮城的焦智兄聯繫上，小吳是「大陸通」，大陸早已走透透，我們不擔心他「丟人」！

爲甚麼小吳要提前一天到鄭州？他說以前沒去過鄭州。那裡是全國鐵公路交通中心，我當他是先遣部隊。

上午十點，我和信義兄約好在台大見面，兩人帶著沈重大皮箱，我帶著數十本書要送芮城朋友，書最有重量。

約一小時左右，到了桃園中正國際機場，先辦機票手續，我們乘下午一點十五分飛機，直飛西安機場，資料上註明四小時可到西安。

我對西安很興奮，從小讀過有關西安（及長安）的人事地物，不可計了！中國多少皇朝在西安建都，多少詩人雅事在這裡發生。李白「被遣出京」（當時的長安），心中苦悶，寫出千古名品「將進酒」。

君不見黃河之水天上來，奔流到海不復回……
人生得意須盡歡，莫使金樽空對月……
天生我才必有用，千金散盡還復來……
古來聖賢皆寂寞，惟有飲者留其名……主人何為言錢少，逕須沽取對君酌。五花馬，千金裘，呼兒將出換美酒，與爾同銷萬古愁！

中國所有詩人中，我最喜歡李白，最愛李白，他真誠、可愛、瀟灑的境界最高。他被遣出京雖在長安，不是西安，二者有不同背景史事，但我仍覺得是一體的，幾小時後，我便要踏上這塊「夢土」。

下午一點十五分飛機接時起飛，四小時航程，我在機上寫

筆記、看書、看報，偶爾探頭看窗外，天氣不錯，白茫茫一片，有時雲淡，隱約可見地面景物山頭。

下午約五點，飛機廣播快要到了，準備降低航高。我心中想著焦智兄大概已在機場等候，事前他說會在出口處高舉一塊「鳳梅人」報迎接，他的長像如何？是否和照片一樣！通常都是大大不同！

從未到過的西安，從未見過面的人，現在要見面了，像是年青時代與筆友第一次約會，充滿著期待，這是我和吳信義學長的共同感覺吧！

五點十五分，飛機果然準時降落在西安機場，落地、滑行、出機門……出關，一關一關……好奇的眼神四處搜尋，儘管看到的是一座很普通的機場，還是想，定有新鮮的，如考古學者最初打開秦陵的門，鐵定有很多新奇，守關的公安制服對我是新奇的，還好公安客氣也很親切，我的樣子有點像劉佬佬進大觀園！

拖著行李走向出口，兩眼搜尋遠處可有「鳳梅人」大字報，出口處擠滿了人，我兩眼想看「牌子」未看人，我想「牌子」比人清楚，人群中啥也看不到。

《鳳梅人》、西建人在西安機場喜迎臺灣筆友陳福成（右三）、吳信義（右二）、并合影留念。

突然有人叫「陳主編」，我立即認出是劉焦智兄，這一刻，以擁抱代替一切了！一群人熱列的握著手，其中有一人拿著牌子，「迎接：台灣來賓陳福成先生一行　山西・芮城」，我熱切握他的手，瞬間，從未謀面的一群人成了老朋友。

我們在機場停留片刻，相互介紹，照相，進一步認識彼此一些基本背景資料，來迎接我和信義的朋友有：鳳梅人報主持人劉焦智和他的「熊貓」、書法家範世平、鳳梅人報助理薛小勤、芮城電視記者王照威、西建集團行政辦公室主任楊增選。

事後我才知道，他們一行「迎賓團」竟然是上午九點就從芮城出發，因芮城到西安的路有地方在整修，又怕堵車誤時，所以他們早早出發。算算，到下午五時三十分見面，他們已辛苦了一天，我和信義兄都感過意不去。

天色將暗時，我們乘一部小巴士（上車時發現車上另有兩人，他是焦智兄的長女曉靜的夫君許高峰和次女曉婕的夫君吉雲崗先生）。天黑看不清車外景物，我記下沿途所經之處：

晚七點半：潼關休息。

八點：過黃河鐵橋。

九點：在陽城晚餐。

十點：到芮城麗都酒店。

當我們到麗都酒店時，吳元俊兄也已到芮城，在酒店（位於芮城永樂南路上）內等候大家，三人同行才正式開始。

大家辛苦一天，也已晚上十點多了。焦智兄講好明早來接大家到他府上早餐。晚安聲中互道「明天見」。

很晚了，三人在酒店裡還是興奮的談著今天的點點滴滴，中午還在桃園，晚上已在山西芮城的酒店裡，驚訝於現代交通發達，也幸好「三通」已通。這是馬英九的功勞，不論獨派人馬如何抹黑他，他跨出了邁向兩岸統一的第一步，歷史會記著馬英九，春秋筆會記下他的功勞！

沐浴，又沖掉一天的疲累，精神又來了，午夜，竟還是興奮的睡不著，二位吳哥到我房間又聊，有如帶情人出遊那般興奮。

興奮於吾等三人，竟有此機緣同遊，尤以這趟芮城行是很特別的行程。興奮於焦智兄等一行，竟如此的熱情，而明天以後的幾天會有那些奇遇！也是興奮！

第二天 永樂宮・大禹渡・黃河魚

早八點：劉家特製早餐

昨夜晚睡，一覺到天亮，八點不到，焦智兄的車來到酒店接我們到他府上。不知是否星期六放假的原因！街上人不多，酒店距他家也不遠。

原來他們所經營的五金店和「鳳梅人」報社就在自己的家中，我們來到他在很多文章提到的「鳳梅人微型辦公室」（如照片），確實是很小的，約六、七人熱絡的吃著焦智兄特製早餐，有一種叫「饃」的，像饅頭夾肉吃。寫作時我查字典，「饃」（音ㄇㄛˊ），同「饝」字，北方人稱饅頭叫「饝饝」，後來幾天我們常吃這種

劉焦智庚寅（2010）年9月26日，攝於自己的微型辦公室

「饃」配東西吃。

早餐時有一位「奇人」，是焦智兄特別找來「表演」的，他可以接受任何有關年代的問答，例如問「一九五二年元月十六日是農曆幾號星期幾？」，他幾乎立刻回答「農曆十二月二十日、星期三」。

信義兄和元俊兄也問他，都立即答對，眾人嘆爲觀止，好像他腦中有一部超級電腦，無法解釋，只能說奇人。又據聞，這奇男子讀書不多，也就更神了！

九點半：早餐後參觀劉智強、劉智民兄弟領軍的西建集團

智強兄是焦智兄的大弟（劉焦智共有四兄弟，大弟智強、二弟智民、小弟智勇）。早餐後我們一行含亦農兄參觀智強兄的公司，他的公司全名是「山西西建集團有限公司」，集團旗下有四個子公司和一所博立中學，員工三千多人，算是規模很大的公司。總公司就在芮城黃河西街，有關這個企業集團的特色，第

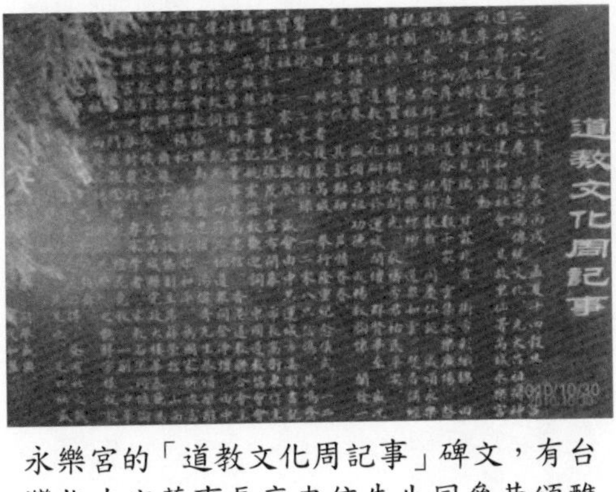

永樂宮的「道教文化周記事」碑文，有台灣指南宮董事長高忠信先生同參恭頌醮辭，曰：「中華同根同祖、兩岸三地、共興共榮」。

四、五篇各有專章報告。

一行人到了西建集團董事長劉智強辦公的地方（應是總公司所在），我們先在樓下一個廳堂會見老夫人，年紀很大了，請安小坐片刻，我們上到二樓的董事長辦公室，果然是「氣宇非凡」。但我最大的感想，是這家企業不是單純的民間公司，觀其內部陳設、公佈欄公告訊息、標語等，充溢著中華文化的氣息，公司內部以董事長爲榜樣，竟「公然」推行「孝道」文化。

若不說這裡是山西芮城的一家民間公司，會有人誤以爲到了「中華文化復興運動總會」呢！這是真的！

上午十點在永樂宮

約一盞茶工夫，我們一行人前往位於芮城北二公里的永樂宮參觀，這裡是國家重寶，世界級的文化遺產。在我們到此之前幾天，十月二十五日，台北市指南宮董事長高忠信光生也才來過。

一位叫張青的解說員已等在宮外，原來她們聽說台灣方面

來了三個「專家」，乃派出一級解說員，還有後備的。邊參觀邊聊天，我知道了她讀的是化學，因對文史有興趣，就來當永樂宮解說員。我仔細聽張青說故事，自己也專心做筆記，她以很有專業性的聲音，裊裊道來。

> 永樂宮位於山西省芮城縣北二公里的古魏城遺址內，北枕中條山嶺，南臨黃河古道……
>
> 永樂宮原建於芮城西南二十公里永樂鎮，那裡是唐朝呂岩（字洞賓，號純陽子）故里，唐朝時人為紀念他，將他的故居改為祠。至宋、金改祠為觀，公元一二四四年……
>
> 一九五九年，國家決定在黃河上修建三門峽水庫，瀕臨黃河北岸的永樂宮正處於水辛蓄水區，，為保存文化遺產，國務院決定將永樂宮連同全部壁畫整體搬遷到現址，遷建工程歷時五年……

聽張青講到這裡，我心中打出一個大大的「？」號！或許我是帶著「問題」來研究考察，或許是我的「歷史過敏症」太敏感！我立即想到我在研究所對國際共黨及中國共產黨發展史，下了多麼深的工夫！「一九五九年」是怎樣的年代？是國際共黨和中國共產黨發展的高峰，當時的共產國家正徹底的進行全面「馬列化」，「馬、恩、史、列」的巨幅照片和毛澤東照片，高掛在全中國的任何起方。何謂「馬列化」？即是「全面去中國化」，由「馬思史列毛」思想全面取代，在這個思想領導之下，中國老祖宗的東西全是廢物，全得廢除！像永樂宮更是封建、落伍的老廢物，根本就是該一　把火燒光光的！

但其實不然，大費周章花五年搬遷、維護、復原，只有一個解釋，馬列化是搞假的，應是不可能！另一個原因是我在台灣接受到的訊息（教育）、所讀的各類文獻，與事實落差太大。依我現在描述當時（一九五九年），大陸雖推行馬列共產主義，對中華文化還是「選擇性」的維護，永樂宮因而保存了下來。

我並沒有把心中的大「？」號問解說員或任何人，畢竟這個問題太嚴肅、太政治，提出來有失禮數，氣氛也不對。大家有說有笑，聽張青小姐講著：

> 永樂宮藝術價值最高的首推精美的大型壁畫，共有一千平方米，分別畫在三清殿、無極殿、純陽殿和重陽殿裡……
>
> 朝元圖東壁全圖：玉皇大帝和后土皇地祇……西壁全圖，東華木公和金母元君

（西王母）為主神……北壁東段以紫微大帝為主神……

我們在永樂宮留連兩個多小時，只能走馬看花。解說員說，藝術學院學生住在這裡研究多日，才深入發現更奇珍的價值。

午餐後休息不久，我們直接開往大禹渡（芮城東南不遠、黃河北岸），大禹渡風景區包含大禹廟、合林寺、神柏樹和大禹渡遺址；而再東一點，有魏豹城遺址和項羽城遺址，沒有時間去。

與大禹合影留念（左起吳信義、吳元俊、陳福成）

下午三點黃河岸・大禹渡・想從前

今天天氣很好，氣溫適度，帶來的厚重大外套都尚未用上。但天空灰濛濛一片，快到大禹渡的一段路沿著黃河前行，我等三人（我、信義、元俊）都第一次看到黃河的真面相，興奮又激動，沿路捕抓好景色，兩部車走走、停停，辛苦了開車和陪同的人。

雖未見過黃河，但生長在台灣的人對黃河更有深刻的感受，鐵定超過住大陸的本地人（住太近感覺不深），侯德建作詞曲那首「龍的傳人」，曾唱遍大街小巷。

遙遠的東方有一條江，它的名字就叫長江；

遙遠的東方有一條河，它的名字就叫黃河；

雖不曾看見長江美，夢裡常神遊長江水；

雖不曾聽見黃河壯，澎湃洶湧在夢裡。……

人生最美、最得意、最滿足，應是夢想實現，想必眾生皆如是。例如，夢想娶王永慶的女兒實現了，夢想走完長城全程實現了，夢想上月球、上火星、夢想一生功德圓滿……都實現了。

我去年（二〇〇九）曾到成都、重慶，已見過長江，今再親臨黃河，夢想該算是實現。在我年青時代，我也是黃河的「粉絲」（Fans），四十多年前一首英文的「yellow River」，更是唱了千百回，永遠不會忘。

So long boy you Can take my place.

I got my papers I got my pay So pack my boys and I'll be on my way to yellow river……yellow river yellow river……

yellow river is in my mind and in my eyes yellow river yellow river is in my blood. It's the place I love. ……

耶是！-It's the place I love. 我們所夢、所愛的地方，終於來了，與焦智兄、亦農兄慢慢閒聊著，一景一景的看。那種感覺，像是你一生在追求一個各方面都是「極品」的女人，終於得到她的青睞，願望得以實現，從今以後……

在神柏樹、禹王廟、合林寺等景區照完相，天色已經很晚，黃河鯉魚全餐正等我們呢！

合照於聖水觀音前。左起：張亦農、吳信義、本書作者陳福成、劉焦智、吳元俊、吉自峰

師兄弟三人攝於神柏前（大禹所植，已四千多歲，仍枝葉茂盛。）

晚上七點黃河鯉魚宴

早有所聞，黃河鯉魚百宴頗有名氣，一整桌的「黃河魚全餐」，吃得太夥肚兒圓圓。其實我們只覺好吃，料理方式當然不同於其他地方，有生以來第一餐「黃河魚」，是有緣才得以享用的美味珍饈。

但我們並不知道那魚種名稱，原因是這群大男人們可能吃過很多魚，很少到市場買魚看魚，所以除認得鯨魚鯊魚，其他所知不多。

黃河可能還有一種大魚叫「鯀」（音ㄍㄨㄣˇ），禹的父親也叫鯀，也在這裡治水，無功被舜殛之於羽山。所以，吾等今日所在的大禹渡，禹和父親倆可能一起在觀景或研究新的工程技術，他們當時也一定食用黃河魚。

在大禹渡山頂。（遠處的山洞是古人的居住地，黃土高原一帶古來有很多這種居住方式。）

這是多麼富有詩意也應合事實的想像。來一趟芮城，謁見許多老祖先走過的靈山寶地，我踏著他們的足跡前行，也記錄我們三人行之足履身影，以及珍貴的芮城厚誼情緣。相信我們這一輩子，芮城行也是最美好的記憶，就是到了耄耋期齡，只要不得「阿枝含脈」，仍是最難忘一段情！

第三天 中國·芮城海峽兩岸道德文化交流會

上午九點到十二點：交流會議

這是一個盛大的交流、研討暨我等三人會見芮城各界的歡迎會，地點就在芮城縣政府二樓會議廳。時間是第三天，二〇一〇年十月三十一日，星期天，今日天氣很好，老天垂愛！

我們一進會場，熱烈的掌聲響起，一眼望去約有近百人，都是未曾謀面的朋友（焦智兄打趣說是仰慕者），台灣叫「粉絲」，不是吃火鍋的粉絲！

一一介紹，互贈禮品書籍，余部長代表縣府贈我等三人各一套永樂宮「鎮宮之寶」。接著開始今天的

左起：西建集團董事長劉智強、吳信義、芮城縣委宣傳部長余妙珍、陳福成、吳元俊、芮城電視台主編張西燕。

會議，內容頗長，本文簡記，詳情以專章置於本書後篇。

對台辦主任吉自峰先生報告緣起

今天有這個機緣召開這項會議，緣起「鳳梅人」報的劉焦智先生，他廣交台灣各界朋友，如文曉村、秦岳、台客、石臨生、陳福成等，都是台灣文壇很有成就又俱民族氣節的作家。

當中陳福成先生居於宏揚中華文化、促進兩岸交流與闡釋春秋大義精神，以加速促成兩岸的和平統一信念，他深入了解劉焦智辦「鳳梅人」報的宗旨，於今（二〇一〇）年四月，在台灣出版「山西芮城劉焦智鳳梅人報研究」這本書。他們的交流更爲熱絡，終於促成這次的芮城行……

余妙珍部長主持會議

文化人張亦農先生報告籌備經過

陳福成先生、吳信義先生、吳元俊先生一行光臨芮城，參加今天的會議，發表精彩的演講，我們十分高興……這次交流會議，縣領導余妙珍女士、部門領導吉自峰先生、陳衍會部長、楊增選先生非常重視，親自組織參加，余部長將發表熱情講話……

鳳梅五金店、西建集團主辦了這次交流會。西建集團是一個民營集團公司，他們依靠人格的力量，道德的底蘊……他們兄弟們，都把中國傳統文化、中華道德作爲企業的精髓和經營的理念……

師兄弟三人攝於會議現場

芮城常委、宣傳部長余妙珍女士致辭

十月的芮城，秋高氣爽，碩果飄香；十月的芮城，山川秀美，紫氣呈祥。在這充滿豐收喜悅的大好時節，我們在這裡舉行中國海峽兩岸道德文化交流會。在此，我僅代表中共芮城縣委、芮城縣人民政府，對各位嘉賓的到來表示熱烈的歡迎！……

劉焦智先生自己辦報堅持數年，無私奉獻，弘揚正氣，傳承文化，加大海內外文化交流力度，使「鳳梅人」報和「華夏春秋」雜誌實行了成功的對接……祝陳福成先生、吳信義先生、吳元俊先生在芮城度過一段美好的時光。

陳福成朗讀論文：「中國統一的時機快到了」

這是一篇約六、七千字的正式論文，已發表在海峽兩岸幾種報章雜誌，「鳳梅人」報第四十三期亦全文轉刊，這次會議焦智兄早已囑我朗讀本文，僅摘重點報告，全文再收入本書附錄，維護會議內容的完整性，並供各界參考指正。

本文基調從大國興衰、強權起落之觀點，歸納中國大歷史變遷發展趨勢，論述台灣與中國大陸統獨離合的核心思維；似合民間社會所言「天下大勢分久必合、合久必分」，幾成歷史定律。廿一世紀美國之衰落，中國之崛起，已是必然趨勢，至於倭奴王國已是「扶不起的阿斗」，故曰「中國統一的時機快到了」，只是時間遲早，快則十餘年內，慢則二十餘年，兩岸必完成統一，我和諸君都能看得到。

山西省人大代表、西建集團董事長劉智強先生專題報告：
「企業發展與文化建設」

在這金秋十月，丹桂飄香的迷人季節裡，我們迎來了來自海峽對岸陳福成先生一行台灣來賓……（全文見本書第四篇第五章）。

這位山西省人大代表、一個大事業集團的領導人，正是焦智兄的大弟，他把中國傳統倫理道德、孝文化觀念溶入他的企業文化中。我們只要看他公司公告欄上「九九重陽孝文化節」講話（如照片）：

最美不過夕陽紅，溫馨又從容。尊老敬老是中華民族的傳統美德，更是我們所有西建人應盡的義務。曾記得，我們昨天吸吮著母親的乳汁，爬坐在父親的肩頭，在長輩慈愛教誨中慢慢長大成人，擁有了自己的家庭和事業。今天，當我們事業有成後，更應該牢記父母恩……

「西建」若是一種「文化復興」專責機構，我並不感意外，那是責任內的工作。但「西建」是一家民間企業，三千多員工的大集團，有強大的利潤和競爭壓力，而能把傳統倫理文化溶入企業，成爲西建的企業文化。如此，西建人不會成爲西方資本主義商家，只顧著「吸血」，像劉焦智、劉智強、劉智民這樣的商人，在中國歷史上稱之「儒商」。

我爲甚麼看到西建集團領導人推展孝文化？覺得萬分感慨！說來孝文化是中華文化的核心價值，也是倫理道德的根基。台灣在兩蔣時代至少堅持中華文化的道統路線，維持一個屬於中國人的和諧社會，蔣經國走了，李登輝開始培養獨派勢力壯大，「去中國化」正式上路，陳水扁八年「僞政權」更徹底「去中國化」，中華文化重要的價值觀（禮義廉恥忠孝仁愛信和平），尤其孝文化，雖非全然崩解，至少是「瀕臨絕種」。所以，台灣社會在台獨操弄下，已成徹底的「無恥社會」，有的社會學書上稱「篡竊文化」。

有人以爲二〇〇八年統派馬英九又執政了，中華文化又回來了。君不知「積雪三日非一日寒、破壞容易建設難」嗎？台獨惡搞三十年，一個無恥的社會怎可能一夜間變好，而且統派執政怕獨派「抹黑、抹紅」，也不敢太公然搞「復興中華文化」，說來統派真是「沒種又沒骨」。是故，台灣年青一代已多不能認同孝文化，台灣社會只好任其沈淪，能救台灣只有一途，中國完全統一；進而恢復故有孝文化，發揚中華優良文化，才是治根本之道。

這是我看到山西芮城還有很多人在提倡孝道文化，很感動的原因。尤其感動於倡導者是西建集團和鳳梅五金這些民間企業，西建集團和鳳梅人是全中國的企業典範！

作家張西燕朗誦劉焦智長詩「道德立體交叉橋」

劉焦智的長詩「道德立體交叉橋：比爾蓋茨先生　與您相比　我傲爲富翁」，是一首十二節三百行的長詩，全詩刊「鳳梅人」報二〇〇六年第三十期第一版。我所著「山西芮城劉焦智『鳳梅人』報研究：論文化文學藝術交流」一書，於二〇一〇年四月在台灣由文史哲出版，這首長詩以專章「第六」解讀，故此處不再全詩收錄。

但此行我等三人，多次在焦智兄的「微型」辦公室用餐話家長，幾回出遊經中條山、黃河岸，觀山賞景臨河，深感那澎湃的浪濤流經自己的心臟、血管，感受正如這首長詩的第十一節：

頭北腳南，睡在十二平米的微型，
中條山作枕，借母親河的波浪聲甜夢：
動雙腿，兩座橋，伸向了南岸，

舉胳膊，再續橋，越過了一重重山峰
左腿右臂，連接了靈寶和永濟，
右腿左臂，接通了潼關和運城；
兩橋交叉點，就在
——我的心臟，我的前胸。
……

此行我從頭到尾都專心記錄著每一刻的感覺，不論在風陵渡、中條山或最後一天在西安，都覺得我們身心靈和整個中國大地是合一的，和整個中華民族是一體的。這樣的感覺，再經由芮城電視記者也是著名女作家張西燕，以天籟之音朗讀，不僅悅耳，更增詩的穿透力。

交流會的最後一個議程，是座談及書、畫禮物互贈，我帶來的書受重量限制，無法人人有獎。但吾等三人卻收到芮城藝術家們許多墨寶、著作、國畫等，包括范世平、董世斌、趙世杰、楊雲、劉有光、張西燕、侯懷玉、李孟綱、楊天泰等君，宣傳部長余妙珍代表芮城贈永樂宮「鎮宮之寶」，及亦農兄贈我等「永樂宮志」。凡此，都是吾人珍藏終生之寶物，亦是傳家之寶。

會議由國台辦主任吉自鋒先生簡短結論，交流會議劃下完美的句點。中午是余妙珍部長代表芮城縣府各界，設宴款待吾等三人，信義兄、元俊兄和我，都是第一次見識山西芮城人的「酒文化」。

原來，這裡主人敬酒時，客人要先喝五杯，第六杯才是賓主互敬。據說，是源自早年困苦時，主人捨不得喝，把好酒留給客人先喝，流傳至今成爲一種文化。今天喝的是上好的「洞賓酒」，我等真的是醉臥芮城（第三篇：詩說）。

劉焦智的二弟、西建集團總經理智民兄贈中國古幣

在西建集團辦公室內（最左是智強兄的長子劉忠森）

下午到晚上：西建與智民兄飲茶．芮城逛大街

帶著三分酒意，下午三點多，我們到了西建集團總經理智民兄的辦公室，智強的長子劉忠森（學的是工程管理）、吉自鋒兄均在場。大家飲茶閒聊，智民兄把他的上等好茶給大家「聞香」，可惜我有些外行，只覺其散發一種特有的清香，而不知其爲珍品！

大家聊到「龍的傳人」，說「中」國的中字中間就是一條龍，「中」條山和「華」山拉起來是「中華」。又聊到龍生九子，不知是那九子！

回到台灣我立即查自己正在編寫的「中國神譜」（尚未出版），原來傳說中「龍生九子」是：老大囚牛、老二睚眥（ㄧㄞˊㄗˋ）、老三嘲風、老四蒲牛、老五狻猊、老五贔屭（ㄅㄧˋㄒㄧˋ）、老七狴犴（ㄅㄧˋㄢˋ）、老八負屭、老九螭吻。但另有其他說法，謂龍生二十餘子！

閒聊泡茶到下午五時，我們去逛芮城大街，臨行智民兄送每人中國古幣一套。

十月三十一日，星期天，在台灣也是重要的日子，可惜現在的台灣人「斷了奶忘了娘」，還有幾人記得今天！

但今天的芮城好天氣，放假的日子，大人小孩在公園裡散步遊戲，幾位老人在公園

口打牌，有阿婆悠然聚著聊天，街上攘來熙往，各種購物商圈人潮滿滿……芮城，是崛起的中國縮影，在芮城我看到中國在廿一世紀有大大的願景在步步實踐中。

當然，一個城市的安定、繁榮、進步，首賴全體居民的合作，芮城縣府的黨政領導階層更是最重要「領頭羊」，強而有力的領導和清廉的團隊是絕對需要的。

另外，在我這次的芮城考察（請別笑怪我用考察二字，我是真的用心考察，事前做功課，全程做筆記，官方式考察未必有我用心。），我還發現，芮城進步和人文氣息濃厚的一項重要的因素，是劉智強、劉智民領導的西建集團，他們在芮城修路、蓋出現代化大樓、整理市容、捐款蓋學校……也是芮城大功臣。西建以一個民間企業，而有如此高的「社會道義」責任感，確是當代中國企業發展的典範；西建又以一個民營公司，能以宏揚中華文化爲己任，把孝文化溶合成一種「公司文化」，「有中國特色的企業」，當如此，讓我等三人在海峽的這邊向他們敬禮！

上個世紀，國、共兩黨打的昏天暗地，就讓歷史歸歷史吧！現在要兩黨合作促成國家統一；中國目前的崛起、繁榮、建設，更須要中國共產黨強而有力的領導，廿一世紀才會是中國人的世紀。

西建集團的楊主任、智強的內弟小陳陪我們逛街，芮城人民廣場、人民花園、芮城人民會堂、縣府大樓、芮城中學、壽聖寺……還有黃河大酒店、芮城大酒店……很多正大興土木，西建集團也參與建設。「外行看熱鬧、內行看門道」，我不自命內行，但我看到芮城領導部門有一顆強大的企圖心，正在帶動芮城的繁榮。是故，芮城的縣府也是深值研究的對象，只是沒機會和時間。

而文化界、文化人、藝術家們！也有一顆豐富的企圖心，使芮城充溢人文氣息，豐富了芮城人的精神領域；並以文化爲橋、爲根；注以血緣的共同倫理關係，兩岸本是一家人，那裡能分得了？又要如何分？

黃昏，我們參觀洞賓酒廠，晚餐一個個飲得像洞賓仙，都說「我沒醉」！

晚上八點多，有一個解放軍退役中校來訪，叫林國慶先生，參加過越戰，父親當過師長。他把自己珍藏多年的獎章一定要送我，只好收下，這也是一份情，當下那種盛情恆久都不能忘。

第四天　解州火神廟、關帝廟和關帝常平村故里、舜帝陵

十一月一日，星期一
上午八點半，芮城出發　前往運城

早餐後我們出發，去晉謁關老爺和舜帝。

從芮城一路往東的公路兩側，高聳的林蔭，再向外望出，怪怪，一望無垠的蘋果園，都已收成，難怪我們看見鄉村城鎮的空地上，到處堆積如山的蘋果。

原來這裡產蘋果，我們天天都吃好幾個，果園中可以看見高高的圓塔，同行的小陳和楊主任說放蘋果的地方，應是蘋果蒼庫。

從公路兩側樹少之處望出，有時可見更遠處有黃土高

過中條山，中途停車照相，山上白茫茫一片！

原土洞，早期人們的住所，據說現在少數還有人住。

不久我們到一個地方叫陌南鎮（地圖上距平陸縣很近），就在陌南鎮來個左轉彎，一路向北行駛。

陌南鎮有不少小市集，我們小停五分鐘，有人去尋寶找東西，我想找一家書店買些資料，或找咖啡廳，已四天沒喝咖啡了，也想念咖啡香。但甚麼都沒找到！陌南鎮也在大興土木、建設公路、綠化等。

過陌南鎮不久，就上了中條山，在山上轉來轉去，中條山也有工程，正在打通一條公路隧道，要直通解州（注意！「解」字讀音ㄏㄞˋ，不讀ㄒㄧㄝˋ或ㄐㄧㄝˇ。）。此地山勢不高，約一千公尺，地屬鹽湖區。

據聞，鹽湖區產大量的鹽，宋仁宗時這裡的鹽稅收佔全中國國民經濟總收入六分之一，可見其重要性和地位！

十點半解州火神廟．關帝廟

在台灣我沒注意到那裡有火神廟，但年青時曾聽長輩講火

神的故事，有說是「拜火教」傳下來，有說是原始崇拜，後來我知道火神叫「火德真君」。

我們在火神廟停留片刻，走往附近的關帝廟，因時間不多，只是走馬看花，照相存證以示到此一遊！

關公關老爺是所有中國人最崇拜的神（人），我寫「中國政治思想新詮」和「中國歷代戰爭新詮」二書，都給關爺以最高地位詮釋之，看！我們一到關帝廟門樓口（如照片）：

左右兩側門牆上八個大字「精忠貫日　大義參天」，正門口立有金屬叉架，意即「文官下轎、武官下馬」必須步行進廟，是極高的敬重，但不知皇帝到此是否也是！

一進門樓，到第一個大殿，正前方關帝廟三個大字兩側，一則動心動容牽引全中國人心的對聯：

忠義二字團結了中華兒女

春秋一書代表著民族精神

我一生以宣揚中國「春秋大義」爲志業，我的很多著作爲春秋大義而寫，這點焦智兄最清楚（我的重要著作都寄給他），所以站在關帝廟，面對關聖帝，我的感慨特別深。近年我在台北向很多人談起孔孟、關帝等人的春秋思想，乃至春秋三傳的核心價值，幾乎無人知曉，或說那些過時的老東西何用？空呼奈何！

樂觀一點說，百分之九十九的中華子民，雖不知春秋精神何在？但那種精神、思想，經千百年早已內化成人們的生活，所以人們不知其深然；但很自然的生活在這種文化氣氛中。例如，春秋思想重要的一部份「大一統」，認爲中國不論文化或地緣關係，是自然天成的統一大國，不能分裂成許多小國，這是所有中國人至今的「最大公約數」，所以孫中山先生才說，「中國自秦漢以來就是一個統一的國家」，中山先生根據在此。

我們在關帝廟留連到近午，在各殿、各主要景點照相，捕捉所有能留住的任何美感、任何視爲珍貴的一景一物，因爲不知此生是否有機會再來！都當成最後一回，可惜時間也不夠。

十一點，解州常平村關王故里

久聞關公故里在常平村，但不知「常平村」甚麼個樣子？他當然和很多中國的古村落一樣，必定是很老了。

果然出了關帝廟，行車不到二十分鐘，距離不到十公里，地理位置在運城市西南不遠。

沿路看去有些荒涼，一望無邊的玉米田，路況不很好，偶有小村或獨立家屋。不知是否二千年來皆如此，想必不是，會有些改變！

在解州鎮常平村關王故里

在解州中學大門口

進入常平村，確實是一座很老很老的古村，就像歷史回流，到了三國時代，附近也有民居，一些老年長者在老屋前逗弄兒孫。「關帝家廟」算是當地較壯觀的建築，老得有如經過許多風霜，確實也是。

我們短暫留連、照相，已到後午，到一家號稱「河東老號、解州總店」的「解州王劍羊肉泡」午餐，羊肉湯配饃饃，超鹹的！餐後在附近小鎮逛，偶然到一處解州中學，是早期飛行員的培訓基地，三人在此照相留念。

下午二點，運城舜帝陵

我寫「中國政治思想新詮」（台北：時英出版，二〇〇六年九月），對舜帝事功和思想也有很多著墨，他是五帝時代的第五位聖君。舜帝崩後，禹將舜帝葬在舜居住的離樂城前，並建造陵園，沒想到我現在就到了舜帝陵，人生真有很多奇緣！

舜帝陵當然不是大禹時代的樣子，幾千年來經歷很多「生滅」改建，但地理位置不變，就是山西省運城市城區以北十公里處。

舜帝陵廟景區很大，要全面理解，至少要有完整的兩天研究觀察，現在我們只有一個半小時，要趕回芮城焦智兄的「鳳梅」店晚餐。

我們只在幾個最要景點，神道、古柏、舜帝陵冢等看完便要打道回程。再次途經中條山、約六點多到鳳梅總店，焦

在「有虞帝舜陵」前

在舜帝像前

智兄準備了豐盛的家常晚餐，很多地方特色的饃饃和茶葉蛋。

晚上，劉焦智一口氣背誦徐剛一五一行的長詩「魯迅」

我在今年初出版那本「鳳報研究」，對劉焦智先生有幾種角色觀察，但不知他尚有背誦長詩的能耐。

晚上用完餐，飲茶閒聊，焦智兄表示要背誦一首長詩給大家聽聽，他先把詩的背景給大家說。

作品是徐剛寫的「魯迅」，以人名爲詩題，長一百五十一行。這是四十年前，「知識青年到農村去、接受貧下中農再教育、很有必要」的那個時期，刊登在「詩刊」雜誌上，一個知識青年的一首詩。將近四十年裡，這詩在體內不斷補充能量。

焦智兄還記得二〇〇六年九月二十二日，海鷗詩社主編秦岳來訪，也曾背誦給在場諸君聽。焦智兄坐在他的微型辦公室的床上，不急不徐，竟如行雲流水一般，他鄉音重，我們半聽半猜，只是感受那種氣氛。徐剛的長詩引頭尾幾行供雅賞，「魯迅」：

北　京

一個秋天的早晨
我擠進西三條胡同
密密的人群
同戰士　學生
社員　工人
沿者林蔭路
向前走去
互不相識
卻不必詢問
來到這裡的人們啊
都在懷念一個偉大的戰士
都在懷念
永生的魯迅
這裡是魯迅的故居

⋯⋯⋯⋯做怎樣的中國人

什麼是偉大的愛

什麼是偉大的恨

第五天　洪洞蘇三監獄・大槐樹

十一月二日，星期二
上午八點，芮城出發・沿高速公路到臨汾

今天行程較單純，只有兩個：蘇三監獄和大槐樹，只是有點遠，芮城到臨汾市的地圖距離約一百五十公里，洪洞在臨汾以北約二十多公里。

除信義、元俊和我等三人，焦智兄、小陳、小琴都同行，開車沿高速公路一路北上。

印象中好像經過運城、侯馬市、襄汾，到臨汾休息站約是十一點了，休息片刻再向北開，一路上有些「意外」，沒想到大陸現在高速公路很發達。

中午，洪洞縣城蘇三監獄與蘇三還願處

歷史真的很弔詭，很無理頭，我們大老遠跑來參觀一個明代監獄，但台灣現在有人到「綠島」觀光，也必定會參觀「綠島監獄」，現代司法和明代有何不同？？？

幾年前到歐洲觀光，還特別參觀一個古代執行死刑、各種殘暴戮刑的場所，門票還很貴。！！很奇怪！若沒有那些「整人的司法」，現在很多單位沒錢賺，沒有觀光客，失業率上揚。世上現代也有很多「蘇三監獄」，是以後的人重要的「經濟資產」，「飯碗」耶！！而且越是先進民主的國家，監獄越多。

很多人不知道，「監獄系統」規模最大、最發達的國家是美國，全美國有二百萬黑人在監獄中，是白人的十倍。

話回本題，中午十二點，我們到了位於洪洞縣城的明代監獄（俗稱蘇三監獄），先在門口照相留念。

這座監獄始建於明洪武二年（一三六九年），至今六百四十一年，是我國僅存的一

座明代監獄，裡面把明代酷刑和蘇三的故事一併陳列，讓人好像回到明朝。我國民間婦孺皆知的戲劇故事「玉堂春」（蘇三起解），就在這裡發生！

話說明正德年間（一五〇六—一五二〇），北京名妓蘇三在洪洞蒙冤關在這監獄中，蘇三出身貧苦，原名周玉姐，七歲時被賣入北京妓院。這家妓院老闆姓蘇，她排行老三，故叫「蘇三」，「玉堂春」是她的花名。

蘇三在妓院偶遇宦門公子王景隆，彼此相愛，立下山盟海誓，要白頭到老不分離。奈何！王景隆花光錢財，妓院老闆老鴇皆不容，蘇三暗中資助王某欲考取功名，再結連理。

時有洪洞縣朝陽春（今城東村）富商沈洪，慕玉堂春美名（人亦美），以重金將蘇三贖回作妾。惟沈洪之妻皮氏悍妒，在洪洞「益元堂」藥店暗買砒霜置食物中，蘇三因身體不適未食用，不意沈洪誤食而死，皮氏便誣告蘇三害死親夫。知縣貪錢枉法，以酷刑逼蘇三屈招，遂成了冤獄。

那位王景隆後來果真考上進士，封為巡按（約同山西代省長，全山西大小官都是屬下）。偶然得知「蘇三案」，下令全案起解太原，進行「三堂會審」，終於案情大白，蘇三冤案昭雪。

有情人終成眷屬，王景隆和蘇三成婚，故事感人成爲戲劇文學上好素材。監獄中高掛四大名旦（程硯秋、尙小云、梅蘭芳、荀慧生）唱蘇三的照片，也爲觀光景點增加吸引遊客的「產品」！

蘇三冤案昭雪後，她到洪洞縣的關帝廟還願（距蘇三監獄不遠）。據說當年蘇三在此求簽，若能雪冤，定來還願，現在這處「蘇三還願處」（關帝廟）已成觀光景點。

這座有名的關帝廟，創建於元大德十年（一三〇六），歷代均有修葺增建。現有關帝樓、蘇三展廳、獻殿、正殿等部份組成，是我國列爲重點文物保護的古建築群。因在市中心，成天有人潮進出，這是中國人的宗教信仰方式，信仰只是一種日常生活。

下午二點，洪洞大槐樹尋根之旅

今日在我國山西、河北、河南、安徽、江蘇等地，還流傳著一首傳誦六百多年的民謠：

問我祖先在何處？山西洪洞大槐樹；
祖先故居叫什麼？大槐樹上老鸛窩。

看完蘇三監獄，我們逛街小吃，約下午二點我們又來「洪洞大槐樹景區」，這裡是「尋根祭祖」最經典的聖地，位置都在洪洞，屬山西臨汾盆地北端，範圍很廣，我們只能走馬看花。根雕大門、祭祀場、祭祖堂、大槐樹、槐樹林等，先談談歷史！

元朝末年，天下大亂，中原出現「春燕歸來無棲處，赤地千里少人烟」的可怕局面；外加水、旱、蝗及瘟疫，情景至爲悲慘。

惟按史載，到了明初當時的山西轄五府、三直隸州、十六散州，共七十九縣，卻風調雨順，年年豐收，人丁興旺，

社會安定。各省難民紛紛流入，山西人口比河南、河北兩省相加還多，元人郭嗣興在詩中描述道：

形勝開千載，輿圖壯一方；城池殊屏蔽，……鼠肥偏喜食，魚美先求賞……

意指晉南富甲一方，連老鼠都會挑食了。而洪洞一帶，更是「背霍山面澗水，箕山東峙，汾水西繞，山川形勝，草木夭喬，甲諸山晉」。明朝政府乃進行空前大移民，自洪武三年到永樂十五年，先後完成十八次大移民。每次移民均先在洪洞大槐樹下匯集登記，遷往河南、河北等十八個省，五百多縣，史稱「大槐樹移民」，這是前面那首民謠的緣由。

我們在大槐樹景區留連一個小時，便要打道回程經汾河、聞喜、夏縣回芮城晚餐。一路上信義學長講很多笑話（故事），其中一則經薛小勤整理，放網路上，提名「發財打瓦只是半兩的訣竅」，收本書共賞。

發財打瓦只是半兩的訣竅　口述：吳信義　整理：薛小勤

那天，在驅車去臨汾大槐樹尋根的路上，前臺灣大學主任教官吳信義講了這麼一則不僅有趣、而且發人深省、甚至受益終生的小故事：

古時候，在浙江某一條街上，新開了一家米店。掌櫃姓劉，他在開業之前，請到了一個做秤的匠人，秘密商量著發財的門路：讓他給自己做一杆十五兩半的秤（中國傳統的秤是每斤十六兩）。不料，這雕蟲小技被剛送茶走到門外的兒媳婦王氏聽到，她在公爹送走了做秤工人之後的次日，悄悄找到做秤的師傅說：「你把秤做成十六兩半，我多給你幾個銅板就是了。」

米店開張了，剛開始生意並不是很紅火，但慢慢地，顧客越來越多，幾乎把那條街上另外幾家的生意全都搶了來。不幾年，劉家的米店賺了好多錢，不僅又開了幾家由兒媳王氏親自送秤的分店，而且家裏還蓋起了幾棟木樓。

一次在家吃飯，劉掌櫃發現今天家裏除他們老兩口外只有自己的兒子和媳婦，沒有女兒和女婿、更沒有一個外人，絕對是個「發財秘方傳媳不傳女」的好時機，因而不無得意地說：「生意做這麼大，而且賺這麼多錢，是有訣竅的。」家裏其他人不知就裏，問他是什麼原因？他窺視一眼門外、悄聲細語道：「剛開業的時候，我就盤算好了，讓做秤匠人把每斤少做了半兩，所以賺錢才會這麼快。」兒媳聽後笑了笑說：「公公，兒媳斗膽作了一件不孝的事，今天就請您老人家恕罪了。」於是她便把當初瞞著公爹、自己單獨與秤匠人「合作」的秘密講給了全家人，又接著陳述道：「由於每斤多了半兩，顧客回家複秤後，覺得有光可沾，於是便有了二次和三次。這樣一傳十、十傳百，才帶帶了今天這麼興隆的局面。」

白髮蒼蒼的劉掌櫃，經歷了有生以來第一次臉色熱涼的巨變，——為了抑制當下不能平靜下來的心跳而捋了捋鬍鬚，半晌才說出了這麼一句話：「唉！真不愧是連富十幾代的、財主家的大家閨秀。」以後就把米店掌櫃的大位傳給了兒媳王氏。

第六天　洞賓故居、歷山、風陵渡、西侯度、朱陽村、餞行

十一月三日，星期三

今天的行程全在芮城西側，早餐後我們一行人一路向西。同行我等三人外，尚有焦智、智強、亦農兄，以及王照威、吉自峰、小陳等諸君，陣容壯盛！

上午九點，呂洞賓故居

不到九點我們到了位於芮城西南郊，不遠的一座荒涼樹林和果園中，南臨黃河邊，這裡是呂洞賓故居，也是永樂宮

在呂公祠，正中央是增博道人

原址。

我們在呂公祠前照幾張相片，出面解說、接待的，是這裡永樂純陽觀住持曾博道人（照片正中），俗名衛萬臣，他也是中國道教三大祖庭之一華山派二十六代傳人。他略述呂洞賓生平，永樂宮搬遷、修道等事。

唐朝末年，地方人士在呂洞賓故宅建呂公祠為祀，每遇呂公生辰集會置酒祭之為念。後又將呂公祠擴建為道觀，但規模不大。

元朝時道教大興，元太宗敕令「升觀為宮」，元定宗二年（一二四七年）開始興建「大純陽萬壽宮」，經一百多年擴建。明、清多次修建維護。一九五九年，因建設三門峽水庫而拆遷，經五年在古魏城復建完工。

上午九點半，歷山、歷山村：大舜曾在此耕田

在台灣民間信仰各種道場「寺、廟、宮、觀、堂等」，其壁畫上出現最多的中國歷史故事，「舜耕歷山」應屬第一名，原因之一可能民間信仰的「三官大帝」很普遍，三官大

在歷山村，和耆老在舜王廟前留影

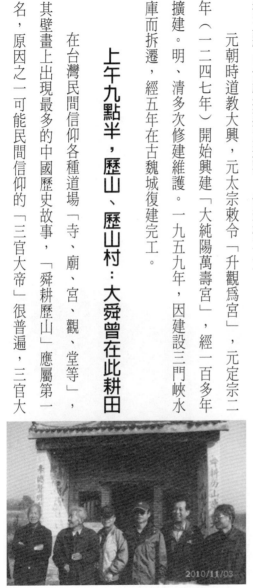

帝就是堯、舜、禹。

童年時第一次聽到的故事，通常來自母親。我年幼時（約五、六歲）聽到第一個故事，就是我母親講的「大舜耕田」，還有舜的後母如何使壞、如何落井下石、舜如何孝感天地等。「歷山」在我的生命中，始終是一個如夢幻般的秘境。

在歷山村，樹下是舜後母「落井下石」位置

沒想到，現在我們一行人就到了歷山村，聽村中耆老講故事，並與他們合影留念。歷山村屬永樂鎮，耆老們說堯發現舜是可傳大位的人就在此村中，現在仍只是數十戶人家的小村，附近田野種很多玉米。

小村中央有一個小廣場，大樹下據耆老們說，舜的後母叫舜下井，再「落井下石」，企圖把舜埋在井中，正是此處。我們在此和耆老合影，算是圓了兒時的夢，夢境竟成真，人生多奇妙！

但不知何種原因，這個古今中國人存於夢中的聖地，竟未加以建設規劃，吸引觀光人潮，似有任其荒撫之情境。堂堂「舜王廟」，如郊外的小土地公廟，進出道路亦有不便，如此豈不虧待了大舜帝！

十一點，風陵渡．風后陵

我們到風陵渡時，風陵渡鎮政府辦公室主任翟英杰和一位當地長者尙成麥先生，二位已在現場歡迎我們一行人。就在黃河岸邊，伸足可泡泡黃河水，一邊是山，一邊是澎湃的河水。

中國歷史上，不論正史或神話故事，黃帝、女媧、風后、河圖、洛書，都曾與風陵渡結緣。傳說女媧煉石補天的「工廠」，就在風陵渡。河邊停著一艘船，一行人上船聽老者講故事，船上陳列很多壁畫，畫中有詩二首（如照片）。

風陵渡畫船上的詩畫

風陵渡除歷史故事有名，地理

上也有名。位於山西省芮城縣最西南角，恰處在滔滔黃河北來東去的大轉處。而在這方圓幾里內，可謂中國古代史蹟聚落群，伯樂廟、女媧廟、風后廟、匼河、羈馬古城、西侯渡、楊貴妃故里、夷齊墓……等遺址，都在附近。

風陵渡不僅位居山西最南端，且與河南（偏東）陝西（在西）兩省毗鄰，雞鳴一聲三省聽，旁邊山丘是「鳳凰嘴」，瞭望潼關、太華、崤函、歷歷在目，古來就是兵家必爭之戰略要地。

風凌渡之名源於古時風后陵之說。黃帝連日戰蚩尤未能取勝，夜夢大風，吹天下塵垢皆去。醒後解夢，認爲「風爲號令、垢去土爲后」，須要請「風后」的人助戰，才能致勝。

後來果真找到了「風后」，拜爲丞相，遂勝蚩尤。風后歿葬於黃河北岸，陵墓至今尙在，就在風陵渡鎭裡，明萬歷年間曾重建殿宇，惜毀於抗日戰爭。

中午我們在風陵渡「蒙古包」午餐，緊臨黃河水岸，氣勢壯盛，鯉魚、兔肉、公雞、國藏酒……一桌美食，比美食更美的，是我們此生竟有一群祖國好友相伴，在黃土高原黃河岸，享用以友誼、以同胞兄弟情調理的豐盛午餐！

下午二點，我們再起程，前往一處更古老的地方，回到一百八十萬年前，可能是第一個中國人第一次發現「火」的地方：西侯度。

下午二點四十，西侯度：西伯侯周姬昌母親落難處、古中國老祖遺址

這個華夏人類發源地，早在一九六一到六二年，由我國中科院古脊椎動物和古人類研究所同山西省博物館，進行聯合發掘，確認是一百八十萬年前，中國人最早（也是全人類最早）用火的地方，這裡叫西侯度。

地理上西侯度位於晉、秦、豫三省交界，黃、滑、洛三河交匯的雷首山上，行政轄區上，西侯度遺址就在黃河岸風陵渡鎮西侯度村。

我們到西侯度時，有一位長老叫薛俊虎長者，出面接待和解說，這個地點顯得非常荒涼和破舊，唯一的建築「西侯度遺址管理所」（如照片），就像一百八十萬年前西侯度老祖的古宅。據長

老薛俊虎所言，他是管理所唯一的負責人，國家每月給兩佰元薪資，其他啥都沒有！

這位「所長」介紹著陳列的化石、石器、獸骨等，我專心寫筆記。事後我知道這位薛俊虎和薛孝民、黨忠義三人，合著一本「西侯度遺址」的小冊子。

一行人在附近山坡照相和聽解說，但我心中一直有疑惑，這種地方照理說也算「國家級保護區」，是所有中國人的「聖地」，爲何任其荒廢？而實際上早在一九八八年國務院已把這裡列名「全國重點文物保護單位」。

只是，整個景像看去，幾乎可用「荒煙漫草」形容，到底問題何在？

我們在西侯度留連一個小時，便打道回程，要到劉府兄弟童年故居，芮城西陌鎮朱陽村。但西侯度遺址深值著墨，歷史上很多故事在此發生，西伯侯周姬昌母親曾落難於此，後人爲紀念稱「西侯度」，後篇再詳說。

下午五點，朱陽村劉府古宅

焦智兄給我一本姚安亮編著「朱陽憶事」（朱正式出版），算是一本劉焦智從他的父祖輩以來的家族簡史。那是一處地下（地平面以下）的窰洞，黃土高原古來的民居方式。

我們大約下午五點到朱陽村，焦智兄大弟西建集團董事長劉智強，正爲這個小村捐建一些基礎設施，仍在施工中。朱陽村在那裡？姚安亮在「承先祖之德、遂後輩之願」一文，開宗明義說：「在晉西南邊陲，滔滔黃河之濱，巍巍中條山下，芮城縣西陌鎮朱陽村，是一個古老的村莊，全村一千多口人，百分之八十姓劉，其次是張姓。」

這個古老的村莊，尤其「窰洞式民房」對我們當然好奇新鮮，因爲我以前只在課本上看過圖片，從未親臨其境。

小村似乎繁榮起來了，早已不住窰洞，村裡建設小有格局，也盛產蘋果，空地上蘋果堆積如山。

我們在朱陽村也留連約一小時，與村中父老閒話家常，焦智兄的小時候同村好友劉滿囤陪著大家看。約六點，我們要趕到住的麗都大酒店，今晚芮城縣府爲

朱陽村劉家古宅（地下窯洞式民居）

劉智強兄弟捐建的朱陽村小學，左四是楊校長

我等餞行。

晚上，醉臥芮城：縣府為我等餞行

信義兄、元俊兄和我一致認爲，我們到芮城多日，無功而受到眾多芮城朋友款待。明日離開芮城後，何時能有個回報？不如今晚我們宴請芮城好友們，以示謝意！

我乃提前告知焦智兄，明日吳元俊因公要先行回台，我和信義兄二人前往西安，但要先到鄭州，再從鄭州乘高鐵到西安，明日一別，天各一方，今晚我等宴請大家以表謝意！

焦智兄未置可否！後又說他「保持中立」（不知他打甚麼主意！何謂中立？）。我們還「折衝樽俎」一番，過程不述，只說結果，以芮城縣府之名爲我等餞行。

我只記得我等三人喝了不少酒，整個酒店熱情洋溢，有如辦喜事一般。回台灣幾個月後，我開始寫本書，回憶這一幕，那晚到底有那些人參加這個餐會？綜合我們三人腦袋記憶和我的筆記，大概是如下（稱謂均略）：劉焦智、劉智強、劉智民、楊增選、吉自峰、張西燕、陳彬、范世平、董世斌、楊雲、劉崇羽、張亦農、王照威、薛小勤、劉

有光、郭玉琴、趙國慶、劉忠森，及吳信義、吳元俊與在下，二十餘人在酒店 **High** 翻天了！

印象所記，不很確定。但那氣氛情誼真是一生難忘，我想未來一定還有機會「再續前緣」。

因爲明天一早要出發到鄭州，晚上花很多時間打包行李，芮城朋友送的書、畫，焦智兄送的景德鎮瓷器茶具組，每一樣都是寶物。都妥爲包裝，以免中途運輸損壞。

這夜睡的好，沒人打電話問「要不要特別服務？」

第七天　出芮城，經洛陽到鄭州

十一月四日，星期四
上午八點芮城出發、目標鄭州

今天起的大早，晨間的麗都酒店大門望出，正是東方將要昇起的一顆特大號紅太陽，景觀很美，少不了留影存查。

提前吃了早餐，小陳和一位董先生開車來接，我們先到焦智兄的「鳳梅人」報館巡禮，再照幾張紀念留影。再參觀「中華文化孔孟倫理道德」展覽館，看牆上寫（掛）的警語，真是深受感動！這樣的年代，總必須有人出面做這樣的事！

臨行大早再到焦智兄的「鳳梅人」報館巡禮

多數的人只會抱怨文化沈淪，倫理敗壞，怪政府，怪天下人，爲何不能從自己做起？這回來芮城，我看到一群朋友，他們對復興中華文化和傳統倫理道德，從自己做起，有一份「捨我其誰」的使命感，使我對兩岸未來更樂觀了！

約八點，我們與焦智兄、小琴一一握別，便出芮城，一路向東，到鄭州多久！我全然不知，路也不知道，只是乘車觀景聊天。

公路右側就是黃河，公路兩側植種高大樹木，偶能望見黃土高原的窰洞，還有一望無垠的蘋果園。

約一個多小時，車到平陸縣。我對「平陸」有極深刻的印象，二〇〇六年我出版「中國四大兵法家新詮」一書（台灣，時英版），講戰國時代齊威王和孫臏策動「平陸之盟」，簽訂齊、趙及若干小國的同盟條約，以對抗龐涓和魏王的擴張野心。爲此，孫臏、孟子、孔距心、淳于髡等人都在平陸活動，平陸是當時齊國的邊城。

我向大家聊起這段平陸故事，大家都感好奇，「平陸」這地名竟二千多年來未變，真是少有。

上午十點到下午一點，三門峽、洛陽、少林寺

到平陸來個向南大轉彎，往北要去運城，往南過黃河大橋就是三門峽，這些地方對

我而言都是「大姑娘出嫁」，新鮮！

我們在三門峽休息十分鐘，照相留念，過三門峽上了一條通往鄭州的高速公路，沿路大貨車其多無比。

十點半過洛寧、火石山，十點五十到義馬縣，不久過澠池縣（都屬洛陽市），一路上信義兄講笑話解悶，他可稱「笑話大王」，連講三天三夜也講不完他腦海中存放的笑話，各種「顏色」都有！

中午十二點到拉馬店、呂店，不久到君召、黃城已是午後，我們在一個小鎮（登封市郊）午餐，下午一點整到少林寺。

在三門峽

從小對少林寺一直存在許多好奇幻想，「天下武功出少林」、中岳嵩山、初祖庵達摩洞、法王寺……以及黃帝、唐堯、大禹、周公……唐高祖、明太祖、康熙……在此祭祀封禪。

以及李白、杜甫、歐陽修、范中淹、程顥、程頤……多少中國歷代大思想家、大文豪接踵而至，蘊山川靈秀，書壯麗詩篇。

就是登封市也是大有來頭，古來就是儒、佛、道三教薈萃，我國著名的宗教文化聖地。我國第一個朝代夏王朝，最早在陽城建都（即禹都陽城，在登封市偏東南，旅遊地圖標示「王城崗夏代遺址」和「古陽城遺址」。）

可惜這回只是路過，未來若有機緣，應來此考察，做我較有興趣的「專題旅遊」。這次就先抄幾帖少林寺楹聯，權充意象並為本書增彩：

山門外東石坊

地在天中，四海名山為第一；
心傳言外，十方法教是初元。

客　堂

達摩道場，四海高僧皈少林；
禪宗祖庭，天下名剎占魁元。

在嵩山少林寺大門外

大雄寶殿

達摩碰壁而面壁問壁敲壁破壁壁立千尺大世界。
佛法成空卻住空行空悟空化空空觀萬劫恆河沙。

方丈室

古跡林立，閱盡華夏三千年歷史；
名山縱橫，覽遍中州八百里風光。

我們在少林寺大門附近留連約一小時，遊客真是多，也確實有條件成為國際級旅遊景區。各色人種都來，可見現在全球的「中國熱」真是夯！

下午三點到鄭州，晚上焦智兄來電：小心壞人多……

我們到鄭州已是下午三點，先到國際機場送元俊兄上飛機回台灣，我和信義兄還要找鄭州高鐵站、旅店，因路不熟，我們開車繞行很久。到安頓下來，已是晚上八點，算算從早上八點從芮城出發，已十二個小時，說遠不遠，說近不近！一千多年前，李白、李賀也走過這段路，他們一定走的更久、很久吧！

與小陳和董先生握別，晚上只在車站附近逛逛夜市，也不能走遠，便回到鄭州高鐵站旁一家紅珊瑚酒店休息、飲茶、閒聊。人有些累，想睡了！

很晚時，焦智兄打來電話說：鄭州壞人多，要小心！別上當才好！

我和信義兄感謝焦智兄的關心，心裡忖度著「天底下那個城鎮沒壞人？而且兩人年紀加起來快一百三十歲了，難到會被騙去賣了……」。

二人如此這般說笑。最後，我們還是認爲人生地不熟，小心爲妙，焦智打電話這麼說，其中必有道理！

果然，第二天一大早，給焦智兄說中了，……回台很久，我和信義兄提起，都仍暗暗稱奇，神準！難不成焦智兄真有「預言」能力？

到底劉焦智說中了甚麼？且看下回——芮城紀行第八天分解。

在鄭州國際機場

第八天 青陽九華山果飛法師；兵馬，非俑

有生以來第一回到鄭州過的第一夜，無夢，一覺到天亮，早起，二人到附近逛逛，看清景物和相關地理位置。

上午七點半，早餐、果飛法師

紅珊瑚酒店是四星級，條件很好，早晨七點半我和信義兄到餐廳用餐。很早，人少。吃著、吃著……我們發現餐廳角落（隔我們一桌，有一位出家人，單獨一人在一張桌子用餐。他先對吳信義一笑，道「阿彌陀佛」。

「阿彌陀佛」，吳信義也微笑答禮。

我和信義兄靜靜吃著早餐，小聲聊著那和尚一人出遊，未知來自何方！那出家人轉而對我「嫣然」一笑，道「阿彌陀佛」！

他真的是「嫣然」一笑，因爲他笑的親切、溫和，讓人產生好感。或著我和信義兄都是佛教徒的原因，碰到和尚如同門師兄弟，本來就有好感。「阿彌陀佛」，我亦微笑答禮。

又靜靜的吃著早餐，聊著這多日來的芮城紀行。

那和尚（看來約五、六十歲間）又對我倆微笑，打招呼示意我倆過去坐坐。我和信義兄移駕過去，與他同桌坐定！

「你心地善良、孝順父母，明年會有大轉彎。」他對吳信義說。

「你心肚開闊、大方正直，明年有大好運開展。」他又對我說著。我和信義先是微笑傾聽。

他對我們裊裊道出他的觀察，又說以他的修行不會看錯。我們半信半疑聽著，接著他自我介紹，在一張紙條上寫下「安徽省青陽大九華山　法號果飛　行動：一三〇五三〇一一九六三」的基本資料。

片刻，他又說：「回九華山爲兩位祈福上香，若能隨意布施一點，祈福更有效，功德更大等等。」

此刻我心中已覺怪怪的，因爲按佛教規矩，不得私自化緣，他的徑行似已違反「行規」。我就拿出二十元（人民幣），且開門直說：

「我們也是佛弟子，不懷疑你的動機，也樂於做一點小小布施……」

他見我拿出二十元，搶說：「三、六、九，能否給個圓滿？」

信義兄見狀，從身上拿出九十元說：「我們給九十元好了！」我補說：「等於我們每人四十五元。」

那和尚低頭微笑，但似乎不那麼「嫣然」了，那九十元已「抓」在他手中接著說：「二位每人給九十元好……」

他得寸進尺，我和信義兄說：「我們要趕西安的車，失陪……」站起來，快閃！

回到房間，邊整東西邊聊此事，共同認爲我們是碰到騙子。但我們仍給他九十元人民幣，「因緣果報」自己承擔。直到上了到西安的高鐵，我們還談著劉焦智昨晚那通電話：「鄭州壞人多，要小心……」

還真給焦智兄說中了，他的話「神準」，到底焦智兄說中了甚麼？至今我未向焦智兄提起此事。有一天焦智兄看到本文，一定笑翻天：告訴他們還上當……

上午九點半，鄭州——西安高鐵「和諧號」

在高鐵上，我和信義兄又聊到今早的奇遇，一致認爲，若元俊兄同行，定是另一結局，他較有警覺性，以後出門遠行有他在最好。

我們昨晚先買好鄭州到西安的高鐵票，二車二等座位，旁邊正好也有一位西安師大的張姓學生，向他打聽一些西安旅遊和去兵馬俑的訊息。他告訴我們西安車站不遠有那些貴或便宜飯店可住，公車到兵馬俑只要五十分鐘，三〇六公車班次多很方便，計程車很貴等等。

現在大家公認大陸的高鐵系統，是全世界規模最大、最完善，連美國都到中國取經。我第一次乘大陸高鐵，真讚！九點半鄭州起程，十點到龍門站，十點四十分到三門峽站，十一點到靈寶，十一點三十到渭南，我們幾乎把昨天走過的路逆向又走過來，只是快多了！

十二點五分，果然準時到西安。可惜西安車站幾乎整個在大興土木，工地隔離動線又很亂，人車和一群「難民」、躺的、坐的，一堆堆；叫賣的、拉客的，一波波，簡直像難民營，更像一九四九年大逃難的火車站附近。

終於找到一家南方酒店，安頓好行李，已是中午一點，找地方解決中餐。我和信義兄吃牛肉麵配饃，二人才吃了十七元，物價真的很低。。平均一人八元五角就吃的飽飽，這個價錢在台灣不知道能吃甚麼？

下午到晚上，西安、兵馬俑．古城

有生以來第一次到西安，但歷史時空紀行中，我似已無數次在這古城留連忘返！「西安自古帝王都」，古稱長安。我國自西周以來，先後有十一個王朝在此建都，歷時一千二百二十多年。尤其秦、漢、唐都是統一大國，創造了輝煌燦爛的古代文化。

漢唐時代的長安城，是當時世界聞名的國際大都會，著名「絲路」的起點，東方文化中心。

西安也是中國的天然博物館，西周青銅器、秦磚漢瓦和陶俑、漢唐石刻與鎏金器等，盡是世界級的稀世珍品。

最著名者，如秦始皇陵和兵馬俑坑、漢武帝茂陵、唐太宗昭陵、唐高宗和武則天合葬的乾陵；以及大雁塔、小雁塔、城牆、鐘樓和鼓

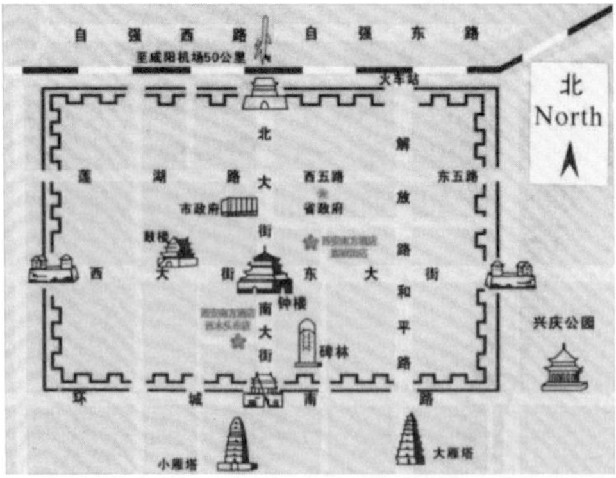

樓、宗教名刹等。可惜這回只能到秦陵和兵馬俑，其他等以後啦！

下午二點二十分，我和信義兄終於找到三〇六號公車，西安車站到兵馬俑約一小時。開了四十分鐘先經過楊貴妃洗澡的地方（華清池），我對這種地方沒興趣，一個女人洗澡的地方有啥好看！超級無聊！而且她是讓大唐衰落的原始肇事者。

我們約下午三點半到兵馬俑站，只有兩小時可以略覽，主要的坑大概都看了（如相片）。秦始皇帝陵博物院是以兵馬俑博物館爲基礎，而博物館就在整個遺址上，中外遊客如潮水，從動線走道清楚的看見兵馬坑，兩千多年了，重見天日，很神奇！

兵馬俑挖掘現場

在秦帝陵漫遊兩小時，還做些觀察、買些資料等，怕太晚人多，不到六點我們已在回程的公車上。如擠沙丁魚般，公車有點像私家經營的叫客車，能多擠上一人，便是多賺一人。

我從鄭州到西安一路觀察，除高鐵的先進外，其他軟硬體、交通秩序、方便性、合理性等，約是台灣在民國七十年的水平。證明社會發展是須要時間的，也有鮮明的「階段性」，沒到那個時候，硬是不行！

回到西安火車站是晚上七點半，在附近逛逛，我地方吃飯，我倆吃饃和麵，吃完結帳才七元，比中午更省。因前幾天吃大餐，我和信義兄說好，這兩天我們「輕食」，原則上不吃肉，但還是很鹹，淡不下來，除非到台灣，難有「粗茶淡飯」可以享用！

晚上我們在鍾樓附近迷路，在東大街、西大街、南大街、北大街間至少轉了一小時。原來這附近有三家叫「南方」的旅店，找到了窩，大概累了一天，坐在床上寫筆記時眼皮已不聽話了！但我極力想著、寫著，兵馬，非俑！

為何兵馬，非俑！

很多人可能不知道甲骨文在滿清末年「被發現」時，很長一段時間被當成「中藥材」，磨成粉食用聲稱能治病。真是烏乎傷哉！

假如西安兵馬俑在清末、民初或抗戰時發現，下場將如何！或許已是大英博物館的收藏品。幸好內戰打完，大陸政局已穩定，寶物才得以被當成寶物看待！

第九天 回顧、歸程

十一月六日，星期六

回顧這次芮城之行，三人都覺得真是太充實、太滿意太太太好了！我們看到更深刻、更真實的祖國。如果是隨團旅行，所見可能是另一面相！

當然這得感謝芮城縣府余妙珍部長和各級長官的安排，劉焦智兄弟的精心策劃，我們這三人行才有豐收。

而我應是豐收最多的「獲利者」，我每到一處景區，都如入寶山，從未空手回。是以，到今天第九天，我的隨身行李至少是來時的兩倍多。

西安的早晨

我和信義兄起得早，一大早打間房間電視，新聞正在報導溫家寶總理率團訪問柬埔塞，胡錦濤主席訪問法國，政協……

我們先去狂西安的早晨街景，全世界都市的晨間街景大概差不多，六、七點間人車少，只有老人的活動，年青人尚在睡夢中。這世界已然二區分，年青人和老人，各有各的世界，各自在自己所屬的時空中活動，兩種世界少有交集，西安也不例外！

從「南方酒店」出門，經「易俗大劇院」，很快逛到鐘樓。距離並不遠，但昨晚我和信義兄在這裡繞圈圈，找不到方向，因夜暗方向不明，白天一看其實就在附近！

鐘樓始建於明太祖朱元璋洪武十七年（一三八四），樓上懸掛鐵鐘一口而得名，是我國古代遺留下來眾多鐘樓中，形制最大者，保存最完整的一座。鐘樓是磚木結構，總高三十六公尺，內有樓梯可盤旋而上，但我們沒有時間溜達！

西安──香港──台灣

早餐後，八點多，我和信義兄事先約好一個叫「王華」計程車司機，以一百二十元跑西安車站到機場，三十多公里路有高速路接通，倒是非常方便。

我回眸，再見西安，再見南方酒店；以及再見兵馬，我的意識中，兵馬，絕非俑！

十點五十飛機從西安機場起飛，機上我看書、寫筆記，盡量補記回憶這次芮行三人行的點滴。下午一點半就到香港機場，這個香港新機場的現代化、高水平，常出國的人最清楚。就以此行我所見，桃園的中正機場和西安機場都相去太遠、太遠！

回台灣是下午五點四十的華航飛機，我和信義兄有將近三小時逛機場內商店街，少不了又添加行李的重量。

五點四十準時上華航飛機，一上機就聞到一股「台灣味」：中國時報的頭條新聞，「陳水扁洗錢案判無罪」！九個粗黑大字如一條貪婪的野狗吸引全機人的目光！

這是二〇一〇年十一月六日的晚上了！感覺上像是到一個和平溫馨的花園玩了九天，現在又要回去面對一個動亂不安的世界，每日看藍綠對決，看許多人沈淪如瘋狗，但不得不回來，這裡是家，誰知道家會搞成今天這個樣子！

回台灣不久，我讀到一則新聞（人間福報二〇一〇年十二月二十二日），遼寧省撫順市國土資源局順城分局前局長羅亞平，二十日被以貪污罪判死刑。據中新社報導，羅亞平貪污總金額達六千多萬人民幣，以台幣算有三億元吧！

大陸貪污三億判死刑，台灣的大官洗錢七億（另非洗錢的收賄、貪污未計）無罪，兒子陳致中還高票當選議員。

台灣和大陸到底那裡最黑？那裡貪污嚴重？那一個社會在沈淪？那一邊是在崛起？

第二篇　詳說：芮城古今人與事

第一章 芮城古今好風光（參照書前旅遊圖）

關於我等三人此行目標和目的山西芮城，在前篇行腳日記中已零星提及，但似乎還很雲散。因此，本章以最簡要而有系統的，再把芮城縣之古今，按我的排序講述。以下按地理環境、歷史沿革、目前的行政區劃、名產名吃交通，和當前經濟文化發展概況略說。

芮城縣隸屬山西省運城市，是山西省西南端與河南，陝西兩省交界處，西、南兩面以黃河爲界，和陝西省大荔縣、潼關縣及河南靈寶市隔河相望；縣北有中條山爲界，與永濟市和鹽湖區毗鄰；東以涚水澗爲界，與平陸縣接壤。縣境東西長六十五公里，南北平均寬十八公里，總面積約一千一百餘平方公里，總人口三十八萬。

芮城氣候屬暖溫帶亞濕潤型，全縣平均溫約十三度C，平均降水量五一三毫米，光照時間長，四季分明，水源充足，盛產各種農產品。以我們到芮城的十月底到十一月初，平均溫約在十七、八之間，人感覺得很舒爽。

芮城是我國古老的古城，尤以一九五九年發現的西侯度古人類文化遺址，證明一百八十萬前的「古中國人」在這裡開始用火。所以，芮城縣也是華夏文明文化最早的誕生地。

芮城商末爲芮國，周武王封姬姓子弟於此立魏國，春秋屬晉，戰國屬魏，秦朝改河東郡，漢設河北縣，至三國、兩晉，都一直屬河東郡。北周明帝二年（五五八年）改河北縣爲芮城縣，治所在現在的縣城，隸屬永樂郡。

至唐代設芮州，轄芮城、永樂等縣，後芮州廢。宋、金時期芮城縣改屬解州，元屬晉寧路解州，明屬平陽府解州，相延至清，改解州爲直隸州，芮城仍屬解州。在行政區劃上，明清延用前代的都里制。一九一二年（民國元年）廢都里制，縣下設五個行政區，一九四九年後多次重劃，現在的芮城縣隸屬運城市。

從上面芮城的歷史變遷，數千年來變化很多，行政隸屬和範圍大小，幾乎代代不同。目前芮城縣是在二〇〇一年撤鄉併鎮，共設七鎮三鄉：永樂鎮、古魏鎮、風陵渡鎮、陌南鎮、陽城鎮、大王鎮、西陌鎮、南衛鄉、學張鄉、東壚鄉。

永樂鎮是道教師祖呂洞賓的故鄉，也是永樂宮的原址。風陵渡鎮處晉、秦、豫三省交界的黃河大拐彎處，是通往華北、西北、中原、歐亞的橋頭堡。「水經註」一書曰：「潼關之直北，隔河有層阜，巍然獨秀，孤峙河陽，世謂之風陵。」古來就以風后陵聞名於世；馳名中外的西侯度、匼河文化遺址，皆在風陵渡鎮內。

古魏鎮是古魏城遺址，也是永樂宮新址所在，位於芮城北不遠。一九五六、一九六一年，國家和省文物考古隊曾兩次發掘，證明是西周時期古城，出土甚多戰國以後歷代之古文物。「魏城春色」爲往昔「芮城八景」之一，按「史記．魏世家」及各家註指出，「魏，姬姓之國，武王伐紂而封焉。」晉獻公十六年（前六六一年），晉滅魏，「以魏封畢萬」，「詩經．魏風」就是這裡的民歌。現在吾人試聽聽芮城最早的民歌兩首，其一「伐檀」：

坎坎伐檀兮，寘之河之午兮，河水清且漣猗。
不稼不穡，胡取禾三百廛兮？
不狩不獵，胡瞻爾庭有縣貆兮？
彼君子兮，不素餐兮！

坎坎伐輻兮，寘之河之側兮，河水清且直猗。

不稼不穡，胡取禾三百億兮？
不狩不獵，胡瞻爾庭有縣特兮？
彼君子兮，不素食兮！

坎坎伐輪兮，寘之河之漘兮，河水清且淪猗。
不稼不穡，胡取禾三百囷兮？
不狩不獵，胡瞻爾庭有縣鶉兮？
彼君子兮，不素飧兮！

這是東周初年的「民怨」，人民抱怨不稼不穡又不狩不獵的貴族階級，對百姓索取無度，人民覺醒，敲響了封建制度將崩潰的第一聲警鐘。這也是一首東周初期的「現代詩」，結構完整，文詞優美。但萬萬沒想到，敲響封建制度（最早的覺悟者），是芮城的先祖們。再讀另一首「碩鼠」：

碩鼠碩鼠，無食我黍！三歲貫女，莫我肯顧。
逝將去女，適彼樂土。樂土樂土，爰得我所？

碩鼠碩鼠，無食我麥！三歲貫女，莫我肯德。
逝將去女，適彼樂國。樂國樂國，爰得我直？
碩鼠碩鼠，無食我苗！三歲貫女，莫我肯勞。
逝將去女，適彼樂郊。樂郊樂郊，誰之永號？

「碩鼠」更是一首反映民心的民歌，把統治階層（當時的魏國統治者）比喻成「肥鼠」，貪婪而不顧人民死活，人民要離去找尋樂土。

這是芮城先祖們的民歌、民心與「天問」！幾千年來，炎黃子民除當文學作品欣賞、古史研究，掌權的人應知所警惕，一切施政以民之所欲爲依歸。

歷史上在芮城（或周邊地區）發生的故事，真是書之不盡（參照書前芮城旅遊圖）。如戰國時代的「孫龐鬥法」、孟子和梁惠王的義利之辯等，均可能也在芮城，或在芮城附近；而由孫臏所策動的「平陸之盟」，促成「齊趙共同防禦」的同盟條約，則在芮城附近的今平陸縣，孟子也還幫上了忙。

另據史料所述，西周早期芮城縣境內有兩個周王分封的諸侯國。其一是芮國，「史記正義」引「括地志」說：故芮城縣西二十里，古芮國也。」其二是魏國，「史記・魏世家」記述，晉獻公十六年（周惠王閬十六年、前六六一年）「以魏封畢萬」。「史記正義說：「魏城在陜州芮城縣北五里」，但芮國遺址則尙待考證。

讀史是多麼有趣！你可以突破時空，回到古代，與古人接心，聽他們的聲音。事實上，是在聽自己的先祖們，一路從古走到今天，那一段段的腳步聲，不必執著於是否正確有無，故事總是動人的。爲甚麼動人？

因爲幾千年前的芮城先祖和今天我見到的芮城朋友，人有不同，那顆鄉親的「心」則一。文明文化有演化祖靈的「心」、祖靈的基因，何曾有多少改變？這是此行我等三人「芮城行」，不論到大禹渡或關帝廟，我們都同樣深受感動。

這種感動，到美洲、歐洲等世界任何地方，是絕不可能有的。因爲祖靈不在那裡！你要和誰接心？他們講笑話，你傻傻的，不會笑，因爲沒有接心不能感動。

說到芮城的名產名吃，印象最深刻當屬蘋果，有些感到意外，因爲從未聞芮城縣產蘋果，香甜又多汁。十一月四日我們要前往鄭州，焦智兄還提一大袋要我們一路吃，我們又一路吃到西安。其他名產名吃尙有紅棗、花椒、中條黃芩、黃河鯉魚、饃饃和洞賓酒系列產品等。

芮城縣內外交通現在四通八達，同蒲和隴海鐵路在這裡交匯。高速鐵、公路及二級公路，目前都很便捷，且發展很快。許多到大陸旅遊的人說，隔兩年再看，完全改觀了！確實吾國崛起建設，突飛猛進，可喜可賀！

至於芮城的經濟、觀光發展如何？在芮城著名女作家張西燕著「來自天籟的聲音」（香港銀河出版社，二〇〇九年八月一刷），該書第五篇「紀念呂祖一二〇八誕辰焰火晚會解說詞」一文，請張西燕說比我說的準：

近幾年來，縣委、縣政府以科學的發展觀統領經濟社會發展全局，高揚三個龍頭，加速五個進程。

國民經濟快速發展，經濟結構不斷優化；

農村經濟穩定增長，工業發展勢頭強勁；

對外開放不斷擴大，發展後勁明顯增強；

大唐風陵渡電廠、亞寶集團、福斯特公司等五大集團年產值達五十億；

中魯果汁、萬士達、黃化公司、華泰集團、西建公司等十個企業產值十億元；

基礎設施明顯改善，城鄉面貌煥然一新；

黨的建設全面加強，幹事氛圍日益濃厚。

二〇〇六年，縣委、縣政府一靠高科技，二靠新項目，三靠大集團，促進了芮城經濟快速發展。今年一季度同比增長五五點五%，名列運城十三縣前茅。

如今，一個文明富裕，和諧穩定，充滿生機的新芮城正展現在世人面前。

這是一個芮城作家的「芮城經濟發展簡報」，我等三人此行也真是深入芮城各角落，張西燕所言不虛，芮城確是「崛起的中國」的縮影，我們雖生長在台灣，第一回到芮城，所見真是叫人安慰、高興，中國人真的「醒了」！不過，「才醒了」！

中國人受了兩百年的氣，吞了無數的恥辱，廿一世紀再不猛然醒悟打拼，還拼不過小日本鬼子！拼不過三億人的美國，我們近十四億的總人口，乾脆集體跳進太平洋中算了！有何面目活在世上？有何面目說自己是炎黃子孫？更有何面目說自己是泱泱大國的……？？這話題扯得說遠不遠，不遠亦遠，應是還在芮城範圍內。

前面講到西建公司等十個企業產值十億元，應已是幾年前資料（張西燕該文寫於二〇〇六年五月）。最近的數據是此行第三天（十月三十一日），在芮城縣府交流會中，由西建集團董事長劉智強兄所提出的專題報告，是最新的資料。我等雖在芮城待了幾天，所知所見還是很浮面的，但由劉焦智經營的「鳳梅」事業、及他的弟弟們所經營的西建集團，對芮城建設有很大的貢獻，確是清楚明白的。西建不是全中國的最大，卻是全中國的典範企業。

芮城在文化、文明和觀光方面，按我觀察也是條件優厚而發達，原因首在「老本」深厚（看書前芮城縣旅遊景點分佈圖），可謂是「中華文化的寶庫；其次是縣府的經營團隊的用心和企圖心，才使「老本」發光發熱。張西燕那本「來自天籟的聲音」，不少文章寫到芮城現在的發展盛況，那是另一種「見證」，「紀念呂祖一二〇八誕辰焰火晚會解說詞」文中，一首描寫芮城現況的詞「饗尾饗柳火樹銀花」：

銀龍騰空歌盛世　火樹銀花開滿枝
飽蘸花雨繪美景　長卷巧填迎春詞

這是現在的芮城風景，相較於「坎坎伐檀」和「碩鼠」的詩經時代，一樣是充溢著文化氣息的城鎮。所不同者，那時是封建時代，現在是崛起、覺悟的芮城新時代。

芮城最近最夯的文化盛事，應是才過不久的二〇一〇年九月，「中國芮城永樂宮第三屆國際書畫藝術節」（作品集出版時間：二〇一〇年九月）。我等三人晚到了一個月，只好等下回了！

芮城古今好風光，歷代中華老祖們！歷代的先覺先知們！歷代帥哥美女們！畢萬、舜帝、風后、女媧、伯樂、楊貴妃、段干木、李商隱、張巡、芮伯、大禹、子夏、藥王、項羽、八仙……他們都曾在不同時空中留連、佇足芮城，李白、李賀應也到過芮城，看芮城好風光、好風景！現在在把他們的聖靈迎請回來，聽芮城子民唱歌：（引張西燕，「來自天籟的聲音」，頁二三五。）

我們的家園像一首歌，開拓創新，朝氣蓬勃。
洞賓故里——芮城，芮城——洞賓故里！
讓我們共築一座山，共開一條河，
共繪一幅畫，共唱一首歌
一首共建幸福和諧美好家園的時代贊歌！

第二章　大純陽萬壽宮・永樂宮

有關呂洞賓和八仙的廟、宮，中國各地都有，但最多的肯定在台灣。很多人聽過一句話，「台灣的廟宇比學校多」，至少幾十萬，可見中國民間信仰在台灣多麼發達，已經成爲一種「人民的生活方式」！（註一）

台灣早年普羅大眾的生活，與各式廟宇有密切關係，幾乎多數人是在「廟口」長大，吃著「廟口小吃」。在我的印象中，多數的廟（宮、堂或其他），有八仙、舜耕歷山等壁畫。爲甚麼是這樣？以前不知所以然，現在了然於心！

也幾幾乎，台灣所有宮廟的「祖廟」，所有神的祖籍、故居，全在大陸，他們全是中國人（神）。如梓潼帝君張亞子是西晉廣東人、武聖關公漢時山西運城人、天上聖母媽祖林默娘是宋代福建湄洲人。而保生大帝孫思邈是唐代陝西長安人，本文要說的主角純陽帝君呂洞賓則是唐代山西芮城永樂鎮人。

呂洞賓生於唐德宗貞元十四年（七九八年）四月十四日。他的名號、法號很多，呂祖、呂純陽、孚佑帝君（註二）、純陽帝君、麻衣道人……約十多個稱謂。

沒想到我等三人竟也到了呂仙的故居，拜訪了呂仙生活修道的芮城，也喝了呂仙的酒（洞賓酒），只能說是千載良緣。

永樂宮，原名大純陽萬壽宮。最早創建於芮城縣永樂鎮，歷元、明、清三代和民國以後，一九五九年因地處三門峽水庫淹沒區，開始拆遷，歷時五年多，於一九六四年在古魏鎮復建完工。

但原建於永樂鎮的永樂宮，是在唐代呂公祠道觀原址基礎上修建的。據永樂宮碑記，唐末永樂鎮人士（當時屬山西蒲州府永樂縣），在呂洞賓故居建呂公祠爲祀，每到呂公生辰，士庶集會，「張樂置酒」，祭之爲念。

從唐末到元初過了三百多年，元太宗十二年（一二四〇年），丘處機弟子之一宋德方到永樂鎮拜謁呂公祠，當時看到殘破景像，遂召集同道籌謀修建。畢竟民間力量有所不足，幸好元朝全真教大興，全真教的龍門派創立者丘處機被元朝尊爲國師。

元太宗乃馬真后四年（一二四五年），全真教掌教、真常真人李志常呈請朝庭，獲太宗敕令「升觀爲宮」，進封真人呂洞賓爲「天尊」，派河東南北兩路道教都提點、龍

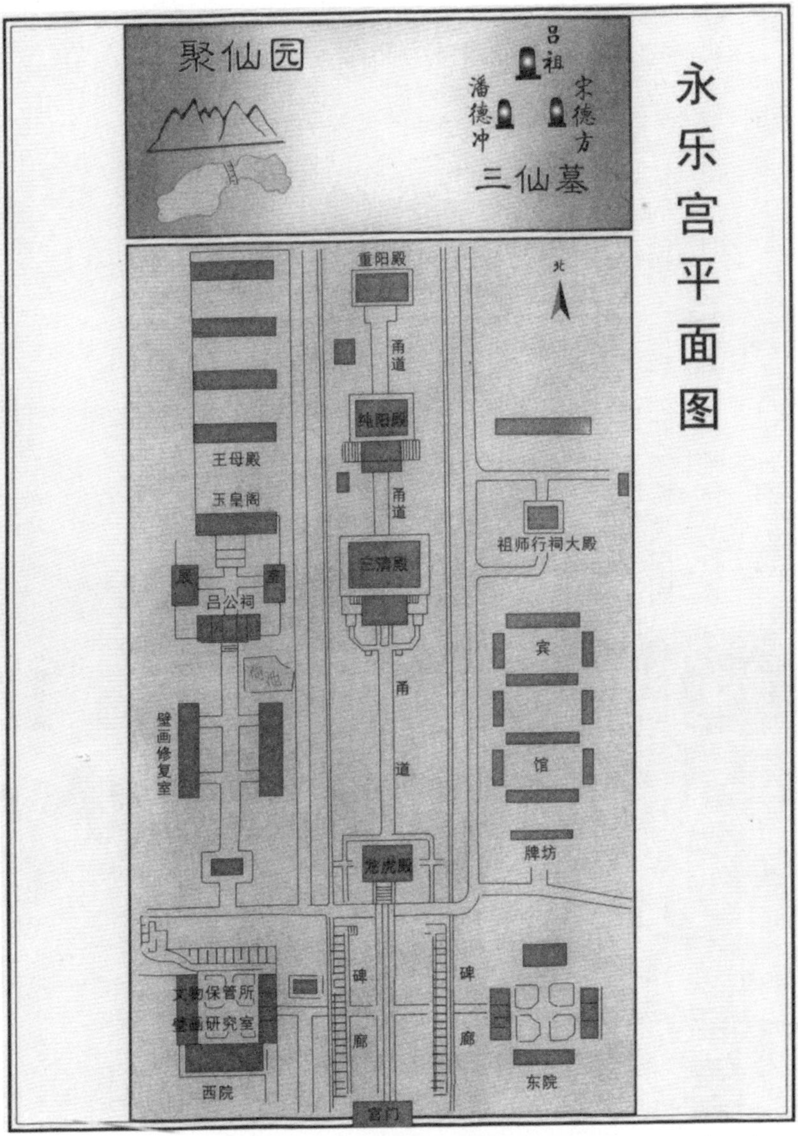

圖資來源：總主編侯文正、主編張亦農與景昆俊，永樂宮志（太原：山西人民出版社，2006 年 5 月）。

門派傳世弟子潘德沖，主持興建「大純陽萬壽宮」。

宋德方（一一八三—一二四七），今山東掖縣人；潘德沖（?—一二五六年），今山東鄒平人。二人謝世後都葬在永樂宮附近，與呂祖墓合稱「三仙墓」（見前圖）。

永樂宮正式動工興建是元定宗二年（一二四七年），全部工程（含壁畫）延續了一百多年，直到明洪武元年（一三六八年）才完成。其修建過程和數百年來歷代維修，不再贅言，可看「永樂宮志」一書。

一九四九年神州山河變色，政權易主。如我在第一篇的疑惑，馬列共產主義是中國歷史上最大規模的「去中國化」運動，類似永樂宮這些根本是「封建、落伍」的廢物，

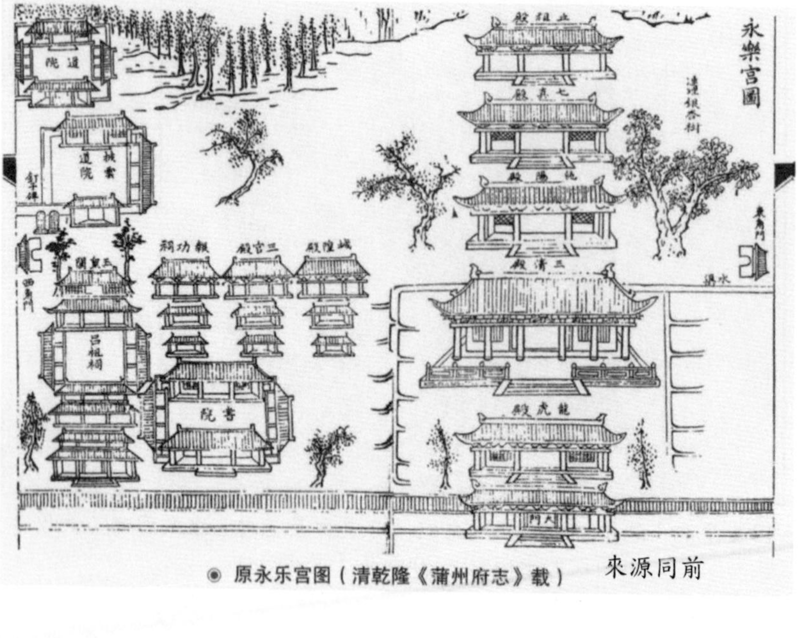

◉ 原永乐宫图（清乾隆《蒲州府志》載） 來源同前

必然都要徹底除之而後快，這是我在台灣數十年的學習認知。

可是可是，又可是，現在我看到（永樂宮志）和聽解說員張青小姐，關於永樂宮拆遷復建講解，情形卻完全是另一種局面，文史哲領域的研究，失真便失其價值。所以，中共政權在大陸成立後，對中華文化、文明到底採取怎樣的政策？這是另一個很大的研究範圍，非本文能論述。但就永樂宮的維護、拆遷、復原，是一個極大的工程，真相如何？不能不提一下，讓更多的台灣人知道。

原先在對日抗戰時，永樂宮已被日本鬼子完全破壞，一九五二年，山西省文物管理委員會首次在文物普查中，發現永樂宮。

一九五四年，北京古代建築修整所與山西省文物管理委員會，開始實測永樂宮。

一九五六—五七年，北京大學考古教研室調查永樂宮及附近遺跡，並選拓永樂宮現存石刻。

一九五八年，北京文物出版社編印「永樂宮壁畫選集」。

◉ 將壁画运到新址的剪彩仪式

一九五九年，因三門峽水利工程興建須要，決定永樂宮全部遷到古魏鎮龍泉村東，含附近遺存文物全部拆遷。

一九六〇年，山西省文物管理委員會將宋德方、潘德沖和呂祖墓，遷到永樂宮新址，是謂「三仙墓」。

一九六一年，三月四日永樂宮被公布爲首批全國重點文物保護單位；十一月九日，國家文物局局長王冶秋來永樂宮視察。

一九六二年，壁畫復原工程開始。

一九六三年，四月五日永樂宮壁畫摹本在北京故宮文華殿展出；九月一日，永樂宮壁畫摹本及建築模型等，在倭國東京展出；同年，「文物」雜誌第八期專刊介紹永樂宮。

一九六四年，油飾、彩繪各大殿。夏季，

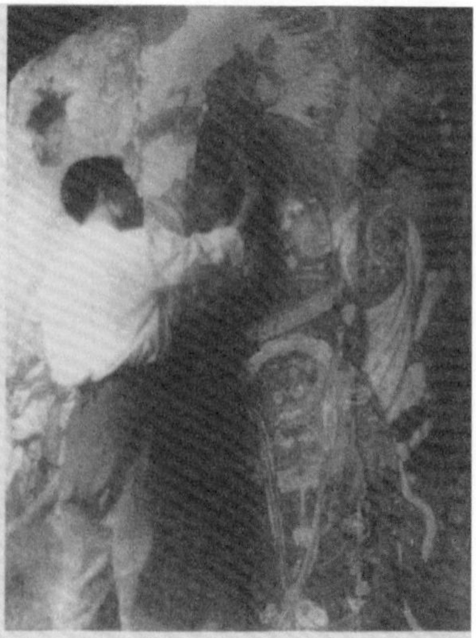

◉ 中央美术学院陆鸿年教授临摹壁画

◉ 揭取壁画前祁英涛总工程师等做加固处理

中共中華北局第一書記李雪峰，中共山西省委書記陶魯笳視察永樂宮。

一九六五年，壁畫復原工作基本結束，呂公祠、玄帝廟落成；秋季，黃克誠大將來永樂宮視察。

一九六六年，築消防池於三清殿西側。

一九七二年，撤銷遷建委員會，驗收全部工程。

以上是那個時代，馬列共產主義正熱正夯，但爲何一座象徵中華文化的永樂宮要人費人力財力去遷建，兩岸在那個時代的表述爲何如參商之遙？？

爲甚麼？讓我想起數十年前的一件「趣事」。一九七五年（民64），我剛從陸軍官校（44期）畢業，八月就分發金門，打算爲「反攻大陸」聖戰打第一仗立第一功，當時我是金防部砲指部駐防斗門，兩岸處於「單打雙不打」狀態（只發射砲宣彈），砲陣地附近常有對岸發射過來的傳單，曾有內容寫著「台灣人民都在吃香蕉皮」等語。

偏偏那時台灣也有很多宣傳畫報、教科書等，寫（畫）著「大陸同胞都在吃樹皮、樹根」等，引起年青的我們許多同情心。都決意立志，要反攻大陸解救同胞！

天啊！那是一個怎樣的時代？炎黃子民全都昏了頭，全都「忘了我是誰？」讓那時代成為歷史、成為過去，已經過去。記取教訓，未來共創和諧，共謀統一，共享屬於我們全中國人的光榮吧！

話頭回到永樂宮。參觀時解說員張青對壁畫講解最仔細，因為壁畫是永樂宮的「鎮宮之寶」，分布在四座元代建築的大殿內。那是一部神仙世界的社會結構，中國道家（少部份同佛、儒，這和唐代以後推動「三教合一」運動有關，此不詳論）的「神譜」，也只能略述。

三清殿「朝元圖」壁畫：三清殿又叫無極殿，是永樂宮主殿，「朝元圖」畫的是三位宇宙間主神，元始天尊「玉清」、寶靈天尊「上清」及道德天尊（太上老君）「太清」；三清之下有玉皇大帝等八大帝后，之下又有兩百多道府群神，均各在其位，各掌其事，有如人間國家和政府結構。

純陽殿壁畫。純陽殿亦名混成殿、呂祖殿，主神是呂洞賓，壁畫當然是他一生的豐功偉業，分別有「純陽帝君神遊顯化圖」、「道觀齋貢」、「道觀樂隊」、「鍾呂論道圖」和「八仙過海圖」。

重陽殿壁畫。以奉祀全真教創立人王重陽和七個弟子而命名，故又稱「七真殿」，壁畫內容是王重陽一生的故事及七子活動。其七子是：丹陽子馬鈺、長真子譚處端、長生子劉處玄、長春子丘處機、玉陽子王處一、廣寧子郝大通、清靜散人孫不二。

龍虎殿和各殿拱眼壁畫。無極門的東西兩側原有青龍、白虎兩尊高大的塑像，又稱龍虎殿，畫的是山川、城隍、里正等諸神，爲神仙世界的下層社會管理員。

其他還有永樂宮各殿的拱眼壁畫，現存三百多幅，面積一百三十三平方公尺。這些都是芮城子民永遠的財富，國之重寶。

台灣有很多供奉呂祖的廟宇，在神論中存在著「分靈關係」，有如人類社會的親子關係，自然是經常要回祖廟參拜；或同屬道教體系的宮廟，也要回祖師廟參拜，都是仙界倫理之體現，實即中國民間信仰的一種生活方式。

查永樂宮大事記要，永樂宮壁畫摹本亦多次來台灣展出，台灣道教廟宇也常回祖廟參拜。二〇〇三年三月、二〇〇四年五月，指南宮董事長高忠信先生率團參拜永樂宮，最近的一次是我們芮城行的前幾天。

另外，台灣民間也積極透過「永樂宮關係」進行兩岸文化交流，這要感謝駐錫兩岸的呂洞賓等眾神。例如，就算「陳水扁僞政權」執掌那幾年，神威也不減，二〇〇二年六月台灣指南宮邀請來台訪問，有運城市政協主席李天祥、文物局長趙參軍，及肖軍、岳厚生、王毅、蔡淑清等人，進行多項文化交流。

二〇〇五年八月，應「台灣中華道教呂祖純陽協會」邀請，運城市文物局副局長李波、永樂宮文管所所長肖軍、副所長李惠民、洞賓酒業公司董事長焦潼汰等一行四人，來台進行兩岸交流。

我這輩子研究兩岸「人的關係」，也研究兩岸「神的關係」，發現很多樂趣。兩岸要和平、要交流、要和諧、最終要統一，不僅人在努力，連眾神也在幫忙。人、神都積極要做的事，必定可以做的成，讀者諸君、諸神，以爲然否？

註釋：

註一：所謂「中國民間信仰」，在宗教學的分類上，不同於回教、天主教、基督教等「一神教」，認為自己所信仰的神是宇宙間「唯一的真神」，是一種「絕對的第一存在」。因而，幾千年來西方「眾神」不斷玩著「零和遊戲」，「九一一事件」就是這樣玩出來的。

「中國民間信仰」則是「多神教」，屬「泛靈信仰」，所以中國歷史上沒有宗教戰爭，因為誰都可以樹立自己心中的神。一顆靈石、一株樹木、一座山、一條河、一個人……只要「條件俱足」，便能成為眾人信仰的神，而且是「人封神」。

另佛教在宗教學神論中屬「無神教」，此說來話長，趣者可參閱我編著「中國神譜」，亦將於本書之後出版。

註二：在中國民間信仰中，孚佑帝君呂洞賓和梓潼帝君、關公、魁星、朱衣，合稱「五文昌」。到明朝末年，太僕寺少卿沈光文，追隨鄭成功反清復明到台灣台南，教平埔族漢文，後世稱他「台灣孔子」，今台南善化的「慶安宮」主祠沈光文，一九八二年封為「六文昌」。故，今世稱「文昌君」者，有六位神祇。

第三章 關於「西侯度」村與「西侯度遺址」

舜帝、大禹、關公事蹟和信仰，在台灣城鎮鄉村幾乎處處有；而「三官大帝」（堯、舜、禹）信仰也很夯，如新竹的「三元宮」均是。是故，此三者（舜帝、大禹、關帝廟含常平祖廟），都只在行腳日記篇簡說，不再詳說。

本文針對絕大多數台灣人所未聞的西侯度遺址，簡要一說。所根據的資料是參觀該遺址時，由遺址管理者薛俊虎先生所贈的一本小冊子，「西侯度遺址」（薛孝民、薛俊虎、黨忠義整理，二〇〇六年二月自印版）。這是一本四十一頁的小冊子，未正式出版（因無國際統一書號 ISBN）。

我在現地參觀時，吳信義、吳元俊二兄原則上擔任攝影，我專心做筆記和搜羅「有用的東西」，我「上窮碧落下黃泉」，只得這本小冊子。本文只是小冊子的縮寫，要感謝薛俊虎先生的贈書，否則我便是上寶山而空手回——只照的幾張相片。

芮城縣風陵渡鎮「西侯度」村名由來

西侯度村原名叫「人疙瘩嶺」，或「仁義疙瘩嶺」，經數千年之歷史演變。

殷商年間，紂王在全國分封四路諸侯，以管理天下八百小諸侯。

西伯侯的封地在西岐，史書上常讀到「周姬昌」或「西伯昌」都是同一人。西伯侯在自己的封地一邊發展生產，訓練軍隊，一邊在金雞嶺修煉。他推行仁政，依靠四賢、八俊、三十六傑、九十九子管理朝政（九十九子應是傳說）。他得到最好的人才，應是正史有言「西伯得呂尙於渭陽」，呂尙就是太公望，即姜太公也。

西岐封地在西伯昌治理下，成爲國泰民安、路不拾遺、夜不閉戶，且文賢武勇的「人間理想國」。

西伯昌的賢名和西岐的繁榮，震驚了商紂王，害怕西伯昌的強盛會對自己不利。於是暗中派人把西伯昌的母親抓去，囚於人疙瘩嶺（今西侯度村）下的深山洞裡，後來西伯昌和弟子們設法把母親救了出來。

紂王見一計不成，又生一計。他召西伯侯回朝歌，將其囚禁起來，長達七年之久，史書上說「囚西伯於羑里」乃指此事。此期間，西伯長子伯考帶著財寶、美女到朝歌，向紂王進貢，請求替父親坐牢，紂王不允，並殺了伯考，將其肉做成肉餅，叫西伯侯吃下，西伯侯明知仍忍痛吃下肉餅。

紂王見西伯侯百依百順，並無反叛之意，亦無更大的政治野心，就放了西伯侯。

西伯侯被釋放後，先到金雞嶺，又到母親被囚禁處「人疙瘩嶺」，碰到一位老人叫申杰，西伯侯訴說自己的情況，老人很同情，找了嶺上幾位老人一同熱情招待西伯侯，村民並集資盤費、毛驢，護送西伯侯到西岐。

西伯侯回到西岐，宴請申杰等一行老人，臨別時又贈老人好些財寶，無形中亦感受到西伯侯的德政。

申杰一行老人回到村裡後，和鄉親們商議，西伯侯母子都在本村落難。共同決議把「人疙瘩嶺」，改成「西侯度村」。他們也用西伯侯贈送的財寶，在嶺上蓋了西伯侯廟。周滅商後，改成文王廟，數千年來香火不斷，惜廟毀於八年抗戰時，小日本倭人鬼子破壞了它。（註：我等此行並未見破壞的文王廟，是否修復亦不得而知！）

關於「西侯度遺址」：最早古中國人、人類第一把火

西侯度，地理上位於秦、晉、豫三省交界，黃河、渭河和洛河三河交匯處的雷首山

上。行政區劃上位於芮城風陵渡鎮西侯度村，地理坐標爲北緯34度41分，東經110度零18秒。

一九五九年十月間，中國科學院古脊椎動物與古人類研究所，在調查一九五七年發現的匼河遺址時，在匼河村東北三公里外（也在芮城縣最西），黃河岸以東三公里的西侯度村，發現了早更新世時期的化石。

一九六一年六至七月間，山西省博物館王建、陳哲英、張殿卿等，到西侯度進行第一次發掘。一九六二年春、夏之際，由王建主持，陳哲英、丁來普等人再次進行發掘。此期間，中科院賈蘭坡兩次到現場參與研究。

遺址發現頗爲豐富，不僅從原生地層中發現成批哺乳動物化石和三十二件人工打造石器，還有燒骨和帶有切割痕跡的鹿角。

地層構造和哺乳動物化石的發現，證明這一遺址的地質時代爲距今約一百八十萬年前的早更新世。石器材料中有人工打擊痕跡清楚的石核、石片和刮削器、砍斫器，及三棱大尖狀器等。

燒骨的發現十分重要，原先我們了解「北京人」開始用火是五十萬年前。西侯度遺址的用火證據，把人類用火的歷史又向前推了一百多萬年，等於距今一百八十萬年前。目前全世界的考古尚未發現如此古老的燒骨，人類的第一把聖火從這裡燃起，已是無疑的。

這個遺址不僅發現了石器和大批哺乳動物化石，也發現切割痕跡的鹿角。可見用角和骨制造的工具，早在一百多萬年前就已開始了。

西侯度遺址告訴世人，黃河是中華民族的母親河，西侯度則是中華民族的搖籃，是人類點燃第一把聖火的聖地。而這些「西侯度老祖」是最早的芮城人，應也是最早的中國人。

西侯度遺址文化遺存之解說

「北京人」的石器已相當進步，制作工藝絕非一步辦到。比「北京人」遺址稍早的周口店第十三號地點的石器山西匼河的石器，也都不能 認爲是最早的。

曾經一度激烈爭論的舊石器時代，中外一些宗教保守主義和唯心主義者論戰多時，有人斷然否認中國在更新世早期有人類居住。西侯度遺址的發掘，那些顯明人工痕跡的石器，證明了一百八十萬年前，古中國人類已在這一帶活動。再把這些文化遺存解說如下：

（一）石 器：

1.石核。從遺址中發現的石核有七件，可分三種類型，利用磨圓度很差的礫石和巨厚石片作爲石核有二件，用垂直方法砸擊成兩極石核兩件，漏斗狀石核亦有兩件。

2.石片。經人工打制而成，特徵明顯的七件，用錘擊出來的六件，垂直砸擊一件，碰砧法產出一件。

3.刮削器。從器形上和加工痕跡或使用痕跡來看，有三種類型，凹刃刮削器兩件，直刃削器兩件。有使用痕跡的圓刃刮削器兩件，掌面砍斫器七件，有使用過痕跡的一件。

4.砍斫器。共十件，根據其加工石頭痕跡有以下各類：雙面砍斫器兩件，掌面砍斫器七件，有使用過痕跡的一件。

（二）有切痕的鹿角：

這些鹿角是人工用銳利器物切割或砍斫而成，至少明顯的可以看出，有三層切割或砍斫的痕跡。

（三）燃燒過的骨、角和馬牙：

這些燒骨大部分是哺乳動物的肋骨、鹿角和馬的下頦牙齒。

根據考古學家研究、鑒定，西侯度的古中國人就在河邊或附近居住，即採集又狩獵。

三棱大尖器是採集工具，可以挖取可食的塊根植物。埋藏獸骨比較散亂而集中，尤其鹿角是脫落的，有的在頭骨上，有幼年，有成年，除了一具是犀牛頭骨和一些鹿角外，所有的頭骨都是破碎的，可能是由於吃腦髓的緣故。

前面提到「西侯度遺址文化」和「北京人」文化的比較，是很重要的不同。北京人用火證據非常清楚，不僅有很厚的灰燼層、燒骨、燒石、燒過的樸樹仔和紫荊木的炭塊。有些地方灰燼成堆，未使火到處蔓延，證明他們知道怎麼控制火。

換言之，人類用火的開始決不是「北京人」，因爲不會一開始便這麼成熟。西侯度的燒骨在世界上還是最早的，至少到目前是如此，把人類用火的歷史推到一百八十萬年前，比北京人更早了一百多萬年。這是人類學、考古學及研究人類文明文化發展中，一個重大的突破。

西侯度遺址挖掘出的動物化石

「六〇五三」地點（西侯度遺址編號），挖掘出土的動物化石種類多。從這些動物化石也可以了解一百八十萬年前本地區自然環境。

1. 魚類：鯉，根據鰓蓋骨頭厚程度，活的體長可超過半米。證明當時這一帶的黃河水域有一定的深度，才能適應這樣的大魚生存。

2.爬行類：鱉屬，有一塊肋板及左創腹甲遠端部分殘片一塊。（未定種）

3.鳥類：鴕鳥屬，二八三〇號，蛋殼厚度爲二點二至二點三毫米，應在安比鴕鳥蛋殼的範圍內。

4.食蟲目刺猬屬：（未定種）

嚙齒目，巨河狸屬（未定種）。

兔科（未定種）。

鬣狗屬（埃定種），本區唯一食肉動物。

5.劍齒象屬（未定種）。

6.平額象、納馬象、李氏豬。

7.雙叉麋鹿（雙方四不像鹿）。

8.晉南麋鹿（晉南四不像鹿）。

9.步氏真梳鹿（步氏鹿）。

10.粗面抽鹿、山西抽鹿、鹿亞科（未定種）。

11.步氏羚羊（比較種）、古中國野牛（駿牛）。

12. 粗壯麗牛、三門馬、中國長鼻三趾馬。
13. 山西披毛犀（新亞種）、古板齒犀（比較耘）。
14. 真犀亞種（屬種未定）。

以上看西侯度動物化石，絕大多數成員都是暖溫帶以北的種類，當時氣候比現在涼爽，四季分明，夏季綠草如茵，冬季枯萎。所發現的鯉魚化石必是現在黃河鯉魚先祖，百萬年來提供這裡的子民豐富的營養，包含我等此行也在風陵渡享用一頓豐盛的「黃河鯉魚大餐」。

二〇〇六年二月，譚建合先生在「西侯度遺址：更新世早期古文化遺址」序說，爲了傳承文明，挖掘和弘揚華夏民族的遠古文化，爲了給全世界華夏後人提供一個良好的尋根祭祖的聖地，華夏祖廟開發公司承擔了建設西侯度遺址，復修女媧、伏羲、風后、軒轅、堯、舜、禹這些老祖宗祖祠祖廟的任務。

惟此行吾人親自到西侯度做「現地偵察」，整體環境（軟硬體）甚感荒涼、老舊，譚建合在序中言「西侯度遺址中外馳名，是世界人類制造工具、使用火種最早的地方之一。但是，遺址的發掘和出土的情況只有考古專家們清楚，甚他人知之甚少。」這是譚建合的感嘆！

但爲甚麼「北京人」無人不知？連小朋友也大多知道。而比「北京人」更老、更有代表性的西侯度，幾乎無人知道。若此行非劉焦智兄的安排，我等亦不知有華夏老祖在芮城，就在一百八十萬年前住在黃河岸邊！

是故，西侯度遺址（含附近堯舜禹周文王以下歷史景點），應積極的開發出來，吸引更多中國人來此參觀，於政治、經濟、文化，是大大的利多！

國之重寶、民族之神靈在此，要好好維護、愛護，勿使其荒廢！

著名考古專家賈蘭坡（中）和國內外專家在西侯度

左起：高興、王益人、馮幸無、薛俊虎、金成奎（韓）
中科院古人類研究所所張高興在西侯度考察

左起：王益人、黨忠義、薛俊虎本文作者和考古專家在一起

山西省考古研究所專家王建在研究西侯度出土文物

本文作者：薛孝民（右二）、黨忠義（右三）、薛俊虎（右四）、新聞社出版署張鐵林處長（右一）考察西侯度遺址

新聞社出版署張鐵林處長（右二）給遺址題詞

中科院古人類研究所專家衛奇在西侯度考察

山西省考古研究所專家王益人在考古現場

中國山西省芮城縣西侯度遺址大事記要

年代	大事記要
1959	十月，中國科學院古脊椎動物與古人類研究所，在芮城縣風陵渡鎮西侯村，發現早更新世軸鹿角化石。
1960	七月——中國科學院古脊椎動物與古人類研究所和山西省博物館派了數人到西侯度進行了小採集。
	十月——中國科學院古脊椎動物與古人類研究所和山西省博物館在西侯度繪制了剖面圖，逐將西侯度後山跟編號爲 6053 地點。
1961	五月至七月——山西省博物館派王建、張殿卿、陳哲英到西侯渡後地口，後山跟進行第一次發掘。
	十一月十日——國家文物局局長王冶秋到西侯度進行了考察，並說：「晉南的好戲，真是越唱越遠了。」以後又寫了「晉南文物不尋常，史跡綿延萬古長，猿人更有猿人早，哪論唐虞與漢唐」的詞篇。
	十一月十一日——中國科學院古脊椎動物與古人類研究所裴文中、賈蘭坡以及邱中郎、黃文籠、黃慰文、杜躍西等還有新華社記者王文西、田培植、山西省博物館的王建、陳哲英、丁來普來到西侯度考察和研究。
	十一月二十四日——芮城縣革命委員會公布「西侯度遺址」爲「重點保護單位」並樹立了標志牌。

1962	三月十一月——山西省博物館王建、陳哲英、丁來普第二次到西侯度發掘。
1974	五月——山西省博物館王建和山西省地質局喻正麟、王朔東、王世杰到西侯度繪制了西侯度剖面圖和柱狀圖。 同時——中國科學院請王哲夫和杜治拍了西侯渡遺址發掘的標本照片，杜治拍攝了西侯度遺址彩色照片。 同時——陳淵拍攝了標本彩色照片。 同時——高禮雙和杜躍西拍攝了西侯度遺址野外照片。 同時——黃文籠拍攝了西侯度出土的哺乳動物標本照片。 同時——胡蕙清繪制了出土的石器抽圖。 同時——黎興國化驗了西侯度出土的燒骨。
1978	中國科學院古脊椎動物與古人類研究所賈蘭坡和山西省博物館王建合編寫的《西侯度》山西更新世早期古文物遺址一書，由文物出版社出版發行。
1983	十一月十八日——山西省及芮城縣人民政府在西侯度村建立了文物保護小區，頒發了文物保護證書和保護員證書。保護員：薛金太、薛俊虎。
1985	三月——國際考古學者來西侯度遺址考察的有：原蘇聯、意大利及澳大利並等國。
	十二月——山西省人民政府公布西侯度遺址爲山西省重點文物保護單位並樹立了標志牌。
	同年——廈門大學學報第五期刊登了西侯度古文化、西侯度古人類爲《人類亨調之祖》一文。

1987	五月——美國考古學家克拉克先生及夫人在中科院賈蘭坡，山西省陳哲英及運城地區、永濟縣、芮城縣領導的陪同下考察了西侯渡遺址並與西侯度村民合影留念。
1988	一月一日——中華人民共和國國務院公布西侯度遺址爲「全國重點文物保護單位」，並樹立了標志牌。
	同年——人民日報、中央廣播電台刊登、播放了西侯度遺址。
1992	五月——山西黃河管理局局長張志堅觀察西侯度遺址資料，並與保護員薛俊虎合影留念。
1996	四月八日——國家文物局批准並撥款拾萬元在西侯度修蓋文管所，立有保護界柱及成立西侯度遺址文物管理所。
	十一月——山西電視台在西侯度遺址拍攝了《晉魂》電視片。
1999	六月——芮城縣博物館牛立鎖館長張俊良副館長在西侯度村確立蓋房場地。
2000	三月——西侯度遺址文管所竣工。
	五月——芮城縣博物館原館長劉岱玉在西侯度遺址寫了西侯度遺址保護規定。
	五月八日——美國斯秘森研究院國家自然博物館人類進化首席科學家鮑立克博士在西侯度遺址考察和研究。
	六月——中國科學院地球與物理研究所郭斌同志在西侯度遺址搞古地磁（地場）資料。
	七月二十七日——芮城縣政府在西侯度遺址掛牌成立西侯度遺址文物管理所。

2001	七月——山西省文物局考古研究所王益人同志爲國家檔案局整理西侯度遺址資料存入國家檔案局。
	十月——歐洲挪威國卑爾根大學瑞達拉列島教授來西侯度遺址考察和研究，同時來的還有山西理工大學教授等人。
2004	十二月二十三日——中科院衛奇、陳哲英陪同，日本專家左正敏來西侯度考察。
2005	二月十六日——中科院古脊椎動物和古人類研究所所長高興陪同韓國專家金成坤來考察。
	四月八日——山西省考古研究所王益人和河北泥河灣技術員賈真岩到西侯度開始第二次發掘歷時三個月於六月一日結束，共發掘出十二大箱石器，考古論文待發表。
	十一月——中國社科院曹前進，國家新聞出版總署張鐵林處長在華夏祖廟公開懂事長張忠義陪同下參觀考察了西侯度遺址研究申報奧運聖火取火點和開發西侯度遺址方案。
	十二月三十一日——山西省人民政府向北京奧組委會致函申請在西侯度爲二〇〇八奧運取火點。

第四章　芮城藝文芮城情：趙志杰的楹聯

打開芮城古今藝文史（侯文正總主編，張亦農、景昆俊編，任如花責任編輯，「永樂宮志」卷十四，第一章）。古來就有不少文人雅士，如唐代詩人李商隱（原籍懷州河內、今河南沁陽），後移家住永樂鎮。

其他如呂溫（中唐詩人）、劉良臣（明代，芮城斜口村人，創編首部「芮城縣志」）、吳雲（永樂鎮、清初詩人）、王瀚曾（西陌鎮，清末學者、詩人）等。

至於文史哲政軍各界大人物，就更多了。如畢萬（周文王第十五子畢公高後裔，晉獻公把芮城賜給他做封地。）、魏斯（即戰國時代的魏文侯）……歷代舉之不完，若要詳說，又是一本大書。

本章和後面幾章要對當前芮城藝文界，與此行我等三人結緣的文人雅士，介紹他們的作品。因爲我把他們當成千年難有的「情緣」，這是一份情，也是一個緣，這一回見面（也許只是驚鴻一瞥，他只知道我的姓名，我不知道他是誰！經焦智兄介紹後，回台灣不久也忘了！）可能今生難再相逢。千百年後，或許成爲兄弟或夫妻（接佛家緣起論和輪迴觀）。

首先介紹趙志杰先生的楹聯（由劉焦智提供）。趙先生是一九三七年出生，現住芮城學張鄉窟垛村，先讀他的楹聯：

趙志杰作品

「鳳梅報」內容聯（7篇）

1. 「鳳梅」春秋旗，承先啓後開勝景；「微型」刀劍筆，鑠古震今寫新篇。
2. 開文化先河，九州唯義舉；樹春秋大旗，一報弘祖根。
3. 鳳翔海外揚國魂；梅開雪嶺報春風。
4. 鳳梅小報飛四海；春秋大義炳千秋。
5. 舉德桑梓情誼久；漫筆鳳梅陸海闊。
6. 志寬星宇馳天馬；文起瓊章燦玉光。
7. 兩岸通衢，春回九域微型暖；一管擎旗，氣蕩千山大魂歸。

「西建」大業聯　嵌智強、智民聯（5副）

1.智起技術一磚地；強炳祖德千瓦天。
2.智妙精技興大業；強在重文開新局。
3.智興大業榮梓裏；強開富路根國恩。
4.智達昆仲有序進；民能高低任騰飛。
5.智多早奔特色路；德厚廣集民眾心。

綜合聯（4副）（頌德聯）

1.鳳梅一支筆，排山倒海，勢驅萬馬驚四海；
公司兩兄弟，綉地織春，義結千人樂三春。
2.父範有素人稱頌；祖訓無虧業大興。
3.微舉愛心常濟世；輕聲善語總回春。
4.文聯九州，門羅俊秀；名傾三晉，智穎河山。

西建公司聯（14副）

1.建築舉旗，春風澍雨，條南增錦綉；地產劉新，福水祥雲，古魏添活力。
2.大思路，大動作，大功大德前程遠大；新時代，新目標，新風新貌萬象更新。

3. 拾分精品標盛世；壹片誠心及裏鄉。
4. 偉業壯條南，幾多工程生態範；精心妝世界，五彩樓群宜居城。
5. 雖驚班門千般景；卻嘆西建百座樓。
6. 自古班門傳神巧；而今西建憑德興。
7. 人中佼子，古魏賢能，厚德仁懷輝條山；富路龍頭，業界精品，華堂高闊遍河東。
8. 地綠樓紅，看我睿智築居苑；心靈志堅，憑咱強手蔚家風。
9. 建築彤雲春正秀；房產大道景方新。
10. 崢嶸百二裏，天寬地闊；浩蕩三十秋，名播業興。
11. 紅牆凌雲，樓輝盛世十分景；高廈煥彩，霞染他鄉一片春。
12. 技靠良師，大木參天先勵志；工憑巧匠，班門弄斧好成才。
13. 建築隨業興，此路暢行誠作馬；商貿自古有，難題易破信爲軍。
14. 吊車標旗擎天，昆季俊彥書青史；商城居苑遍地，高樓業績壯魏鄉。

婚慶聯（12副）

1. 條岳披彩霞，邀天同賀朱陳喜；黃河鳴鼓樂，代地共祝日月長。
2. 朱陽春風暖，家家紅聯歌盛世；劉門喜氣濃，日日珠履賀新婚。

3. 張燈結彩，共慶後昆成大喜；酬客抒願，總企酒歌飛滿天。
4. 樓頭燈火夜如年，人樂太平新婚景；廳堂宴席客似潮，情飛醉酒大德圖。
5. 織女橋邊鳥鵲起；魯班樓上鳳凰飛。
6. 彩燈笙歌祝婚喜；華宴美酒頌鵬程。
7. 高築彩門迎婚喜；歡歌宴酒謝賓朋。
8. 雛鳳朝陽從今起；大鵬展翅向未來。

嵌忠森、張敏名

9. 忠祖宏德，大業樓森蔭魏地；張苞連理，青雲慧敏競堯天。
10. 忠森心猿結連理；張敏意馬追競鳥。

嵌森、敏

11. 建築豈閑庭，森敏連理將信步；長空靠博奕，鳳凰比翼來巡天。
12. 敏鵲枝頭初唱喜；森樓深處早報捷。

當我尚未前往芮城之前，在劉焦智兄所建構的文化長橋上，我已知其大名，焦智兄從網路傳給我趙先生的作品，對在下過多溢美，實在愧不能當。但趙先生是芮城藝文界中，對楹聯、毛詩有研究的專才，將他的作品收錄，供各界欣賞。

贊龍人才俊陳福成

——讀《山西芮城劉焦智〈鳳梅人〉報研究》有感

讚歌正唱烏雲散，
龍躍碧空萬里天。
人曆烽煙江海浪，
才彰睿智「鳳梅」篇。
俊唱儒雅文德盛，
陳述國學酒性酣。
福統陸台騷客夢，
成園史冊墨功先。

芮城退休幹部趙志杰於南坡蘋果齋
二〇一〇年五月八日

附錄：

欣聞大纛獵獵聲

——讀《山西芮城劉焦智〈鳳梅人〉報研究》一書有感

趙志杰

我有幸得到台灣《春秋文化》大家陳福成先生的最新專著《山西芮城劉焦智〈鳳梅人〉報研究》一書（以下簡稱《研究》），讀之如飲甘露。這本書研究的是《鳳梅人》報，也研究的是劉焦智這個人，但更研究的是中華民族——炎黃子孫的「根」和「魂」，同時也研究的是人類文明的搖籃和中華民族發祥地之一——芮城這塊風水寶地。這本書再現了芮城五千年文化傳統的魅力，填補了芮城人文史料的空白，對芮城、對山西、乃至對中華民族都具有重要的現實意義和歷史意義。

恩格斯曾說「一個民族要想站在科學的最高峰，就一刻也不能沒有理論思維。」自然科學如此，社會科學也如此。近年來，西方強勢文化大舉進入我國文化領域，流派紛爭，眾說紛紜。受西方思潮影響，教育、文化、文學、藝術思想混亂。相當部分中青年迷失方向，醉心於西方現代諸流派，無視中華優秀傳統文化，不知國學為何物。何為道德？何為禮儀？何為文化？何為文明？判斷真善美的標準是什麼？都急待廓清。台灣陳福成先生懷著對「國魂」、「祖脈」的深沉熱情，懷著對炎黃子孫前程的極大關註，懷著對「一統」大業的社會責任感，懷著對中華民族復興的激越心情，高揚「春秋」大義之旗，抓住一張自費並贈送海內外炎黃子孫的小報，透析一個商賈身份的「小人物」，奮筆呵成「研究」，不能不令人興奮。此一成果，足見作者的高深國學修養之功底，且具有慧眼識珠的政治氣魄以及崇高的人品。

我懷著愉悅和敬佩的心情，徜徉在《研究》一書的長河中，如在暗夜中撥開煩操浮動的、瞬間即逝、刺眼的爆竹煙花，管窺到深奧莫測、意蘊無窮無垠的銀河。不由得牽出了縷縷思緒，牽到了遙遠遙遠！

這是一部體例清新，內容豐富，資料翔實，涉及門類多多，圖文並茂，知識性、文學性、理論性、趣味性，在目前都極爲少見。因該書是以「國魂」、「脈根」爲主線，極傾作者情感之結晶，本人才疏學淺，且未入里深究，只是有了總的感受，子女們爭閱在急，我只好放後一些再繼續研讀、學習，少不了還要寫些收獲和啓發，以向國學大家陳福成先生求教。

「爲天地立心，爲生民立命，爲往聖繼絕學，爲萬世開太平。」這「中和之道」是古往今來中華民族的文化核心。《研究》突顯了這一主題，它提振著華夏子孫共創和平世界的無限激情和堅定信心，他讓龍的傳人在國際金融危機中率先崛起，並得到全球的認同。世界關注中國，中國聚焦海峽，海峽共建文化文藝交流的和諧，《鳳梅人》和《〈鳳梅人〉研究》在一個自由自發的民間領域舉起了鮮艷的大纛！

祝願大纛迎、風獵獵

二〇一〇年七月二十一日於窟垛南坡尋夢齋

註：大纛：（dào）古代行軍中或重要典禮上的大旗。

纛：〈名〉古時軍隊或儀仗隊的大旗。

作者簡介：一九三七年生，山西芮城人。高級經濟師，原縣地礦局局長，中國楹聯學會、運城市楹聯學會、中國毛詩研究會會員，中華對聯文化研究院研究員。

通訊地址：山西省芮城縣學張鄉窟垛村

第五章　芮城「天籟之音」：女作家張西燕

要「讀懂」一個人，乃至讀懂她的「心」，我習慣於看作品或文獻，讀當事人作品最佳。若是當面訪問、請益等，存在太多禮儀、尊嚴和情緒，往往有很大的「失真」。

舉一例，若你和李白同桌吃飯、聊天，你問：「李兄，你爲何離開長安？在皇城吃香喝辣飲美酒多好！多少詩人求之不可得的待遇！」

他八成答：「我喜歡自由自在，長安規矩太多了！」他好像答的也很自在。

你又問：「但李兄你爲甚麼說『但願長醉不願醒、與爾同銷萬古愁』，你心情很鬱悶，一定有事！」

你（假設是李白的好友）一定擔心朋友，萬一他真的「不願醒」，不就是去燒炭自殺，或在汽車內用廢氣自殺嗎？你再追問他，李白也不一定說真話，因爲他要顧自己的面子尊嚴，他不能說政客叫他「滾」出長安的，這多沒面子！人總要藏一點最後的隱私。

但你去看文獻、讀史料，就知道了唐玄宗天寶十一年（七五二年），李白爲何「被遣出京」，何種心情寫下「將進酒」！

或許這是個人的讀書習慣或研究方法，只是認識客觀世界和有情衆生的方法之一。解讀芮城女作家張西燕女士，我可用的書是她贈的「來自天籟的聲音」一書，二〇〇九年八月香港銀河出版社出版。

看她的基本資料，筆名磐礪、燕子。一九六四年出生於芮城縣大王鎮古仁村。（註：馬鶴天，一八八七年生，一九六二年卒，同盟會員，解放後曾任中央民族事務委員，亦古仁村人；段干青，一九〇二年生，一九五六年卒，畫家、書法家和木刻家，是大王鎮人，和張西燕是不同時代的小同鄉、同村鎮人。）這小小的村莊，還真是地靈人傑，張西燕應是小時候就受到這種歷史、文化、氣氛的影響。

她是中共黨員，中級編輯，國家二級播音。現任芮城電視台總編室主任。曾獲縣級「德藝雙馨十大人物」，市級「十佳播音主持」、「十佳編導」，省級「十佳青年記者」等獎。先後在「中華新聞報」、「亞寶通訊」、「古魏文學」、「芮城新聞報」等發表詩歌、散文及報導文學。

從背景經歷了解，張小姐是「廣播人」（台灣習稱靠聲音吃飯的人），其聲如「天籟」才能吸引眾生心耳。此行第三天（十月三十一日上午），芮城縣府交流會上她朗讀劉焦智的長詩，吾人已可見證，如其書名「來自天籟的聲音」。另外，她也是記者、作家，也寫現代詩、傳統詩，原啓民（運城廣播電視主任編輯）稱她是多面手，能寫各種文體。我看她這本「天」書各篇，確實是。

這是對她在「公領域」的了解，若再向「她」貼近一點，則原啓民在該書序中稱「她靈秀、聰慧的氣質」「勤懇敬業、德藝雙馨」「肯動腦筋、善於總結、深得領導和同志們的好評」。

另一位以「人品．書品．文品」寫代跋的邱希占（芮城報社副總編），稱「西燕的人品好，她有很多的朋友，跟誰都合的來，大小事從不和人計較，尤其是她不把錢看得那麼重。因而，在電視台贏得了很好的口碑……」。「況且她的家境也不是很富裕」……

我借邱希占的話小結張西燕，「作爲同事、同行，她爲人處事，堪稱楷模。」「她有一個好心態，她有一個好人品，因而，她的工作出眾，事業出眾，人品出眾，文品出眾。」進入更私的領域，這位邱先生說：「做人難，做女人更難。爲人母，爲人妻，爲人女，西燕很不容易。」……

如此，我們大致了解張西燕這個「人」和「文」，是中國文學思想上「文如其人」，

「人品文品合一」的主流主張。中國的文學思想（理論），主張「人」和「文」要一致，不能割離，即作品的思想等同人的思想。

當然，這樣解讀這位女作家也並非全面、完整。但我這輩子的讀「人」哲學（算是我的人際關係哲學），我認爲「抓緊大方向的核心」就夠了。舉一實例，我從幾年前開始研究劉焦智這個人，我只是把握「春秋大義」四個字的核心內涵（欲知詳者可讀春秋三傳），其他大多不去做碰觸。因爲那些其他，對我而言是小節。

張西燕這本「來自天籟的聲音」，全書有各類文體和內容的作品，分成六篇。第一篇「藝海泛舟」是報導文學、紀實故事和電視小品，我對「電視情緣——記山西省第二屆十佳青年記者張西燕」一文最欣賞，她以第三人稱寫自己、更客觀的觀察自己，寫她一路走來的自己，真情、真誠、感動。我覺得，她也是一個勇敢的女孩，有行俠仗義的特質。

第二篇「散文薈萃」，寫人生感悟、生活隨筆和親情的感動，共有二十九款精品散文。其中一款約兩百字的極短篇「人生不必計較太多」，可是她的人生哲學宣言：「宇宙浩瀚，每顆星星都有自己的軌跡，不必豔羨其他星辰的明亮和耀眼，也不比奢望其他軌跡的平直與順溜，天地之間自有萬物輪迴的道理，得失自有定數，聚散自有定數。不必追究甚麼！真的不必追究……」。

很瀟脫的人生哲學，佛教信仰中的「緣起論」在她的哲學裡實踐著。但有些事是要計較的，生生世世不能忘，「華東印象」她參觀南京大屠殺博物館震撼心靈：

王城冤魂三十萬　日寇暴行震人寰
慘無人道鬼神驚　國恥家仇世代傳

還有「別把白水煮沸了」「父親」「感悟人到中年」「母親生日」……都是溫馨的小品短文。暢說著她的愛、她的情，用真誠去感受她周邊的世界。一個作家所要具備的首要條件，「觀察、貼心、真誠」她都有「上乘」水平。未來必有更好作品問世。

第三篇「熒屏印跡」，是她工作領域上的報導、評論、專題和演講稿等，共二十八篇。另第五、六篇同屬工作領域內作品，篇篇具是佳構，用心經營每一個人和事，因而能從公事簡報文中看到她的真性情。

但該書我要進一步賞讀的是第四篇「詩海探幽」中的幾首現代詩。我個人亦喜愛這個「小眾文學」，「玩」現代詩四十年，只當成生活、生命的一種記錄，如本書下篇「詩說」。

「詩海探幽」篇最富詩意盎然又可愛的，意象鮮明而結構整齊的小詩「送你」：

摘一瓣新綠　送你一個生機盎然的春天
掬一捧溫潤　送你一汪清澈甘美的山泉
擷一粒相思　送你一枕溫馨浪漫的美夢
搶一個彩頭　送你一年神清氣爽的心情

這是一帖「多功能」精質小品，一件永不過時的「好禮」，可送任何對象，印在賀卡上年年用。「二〇〇八我們期待著」、「巨人的腳步」、「七月放歌」等，是對大我愛的頌揚。一般研究社會發展的學者認爲「〇八奧運」，是中國人的民族自信心和民族主義，恢復的關鍵年代，中國共產黨能使中國崛起，使淪落兩百年的民族信心恢復，不僅是張西燕這位共產黨員要提詩頌揚，我這老國民黨員也會鼓掌叫好。畢竟，成功不必在我！只要中國繁榮、統一，人民過好日子，功在那個黨是次要的。

第四篇那首「最牛的校長」，應是全書最震憾的一首詩，七節五十五行，寫的是四川汶川地震時，安縣桑棗中學校長葉志平，如何使全校兩千兩百名師生「毫髮無傷」，真的很神奇！試讀第一段：

一位普普通通的中學校長
一個重教學抓安全的行家裡手
面對低劣的教學環境
不曾彷徨　也不曾抱怨
他未雨綢繆　厲兵秣馬
在滿目瘡痍的土地上
用博大的胸懷　堅毅的臂膀
撐起了一片湛藍的天空

第一段點出一個普通的中學校長，但他有未雨綢繆的準備觀念，刻苦的實踐精神，緊抓安全，故能沈著面對大地震。再讀二、三段：

地震來臨
山崩地裂
師生們像出征的將士
臨陣不逃

遇震不驚
高素質的隊伍已在磨練中長成

一聲令下
師生互幫
有序撤離
二二〇〇名師生離開危險地帶
僅用了一分三十六秒鐘
時間就是生命
他們用神奇的速度
贏得最寶貴的一分多鐘

世間真有這樣的學校和師生嗎？有史以來大地震災難史，多麻慘不忍睹！那有「師生們像出征的戰士」？確實有，四川這位葉志平校長創造了人間神話。

這首詩中間幾段簡要描述了災後慘狀，及這位「最牛的校長」如何撤退師生的過程。

最後校長的匯報擲地有聲，「我們的孩子毫髮無損！」這位校長完成了不可能的任務，張西燕以「偉大的校長」稱頌他。

他這本「天籟集」處處開滿智慧花語，連封底頁也有引人深思的語句，「我不追求所謂的成功，成功不是衡量人生價值的最高標準，比成功更重要的是要用自己的真情講述百姓的所想所願，這才是我最喜歡做的事……」

啊！中國有多大？有多少百姓？寫盡他們所想所願，是張西燕的「天命」吧！

第六章 芮城書、畫名家展

本章展出的芮城書法家、畫家，都是我等此行在芮城有緣相見，諸位名家所贈作品，包含劉有光、劉增法、趙志杰、范世平、郭玉琴、董世斌（其作品以「董世彬」落款）、楊雲，共七君子淑女。

以上七君，劉增法先生較早與我有作品交流（約兩三年前），我知道他是劉焦智兄的同宗，也同是朱陽村人，又和焦智兄初中同學，是一位教育工作者。據焦智兄言，增法兄（他屬牛、我屬龍）隱居在朱陽村後一個小溝之北，背山抱水，寧靜致遠。他亦不圖名利，默默地，謙虛認真的做著傳承祖先的傳統文化。

關於董世斌先生和郭玉琴女士，倒是在「鳳梅人」總第五十期（二〇〇九年五月）第二版，有位叫「萌春」的寫一個小方塊，道出一則動人的故事。

四十九期「鳳梅人」發行時的二月十五日，芮城古魏鎮董原村退休老師董世斌聞訊而至。

進門剛坐下，就掏出一張面額五元的人民幣，說村中有十人各付五毛，要買報紙。但是當萌春追問那十人姓啥名誰，他卻張口結舌——自然就只能供報，而不能收錢了。動人的是，七十多歲，不避風雨，也不論冬夏，每月與妻子郭玉琴騎電動車十多里，到城東「鳳」報社取回報紙分發文友，不僅不久前才捐款，現在又編個「善意的謊言」。

甚麼原因?志同道合以及愛我們這個中華民族,因爲文化的衰落而沈淪了兩百年(約從滿清中葉後）。現在中國要崛起了，必先復興民族文化及傳統倫理道德，因此這對老夫妻看到焦智兄的努力，他們也願意付出。

劉有光先生是衛生局退休教師，范世平先生是芮城著名書法家，我等此行范兄陪我們到處跑，萬分辛苦。（註：他的「范」姓，在鳳報和電腦常出現「范」和「範」兩字，他的作品落款常自稱「古魏世平」，乃紀念古魏鎮這座千載名鎮。）

以下就開始辦一場「中國山西芮城書畫名家展」：（以下書法照片沒說明全是「范世平作品」）

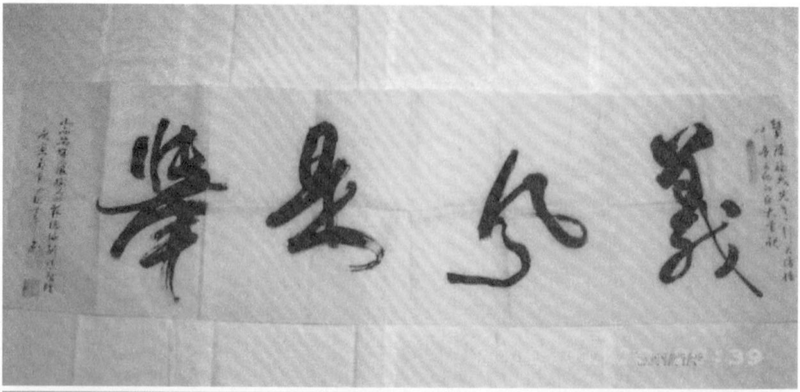

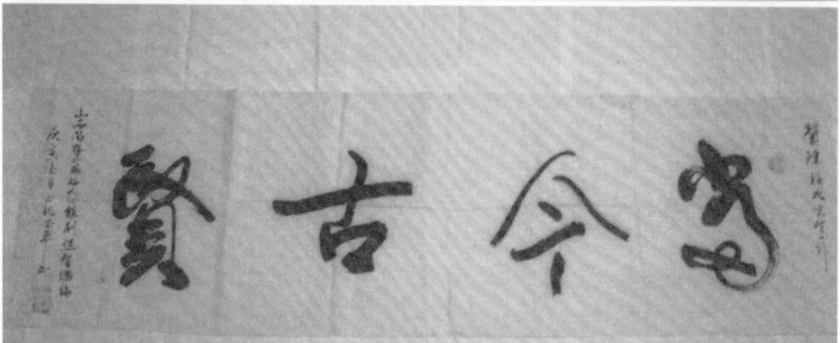

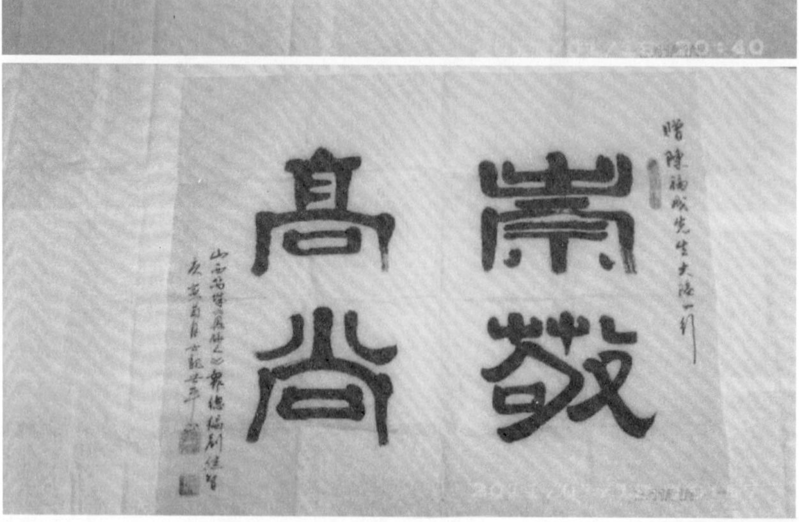
崇敬
高尚
贈陳福成先生大陸一行

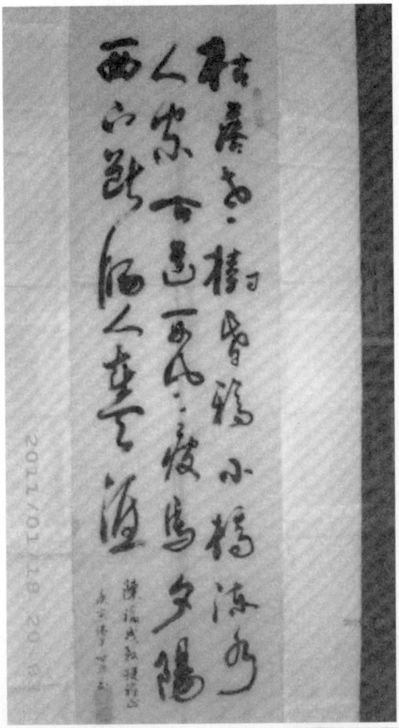

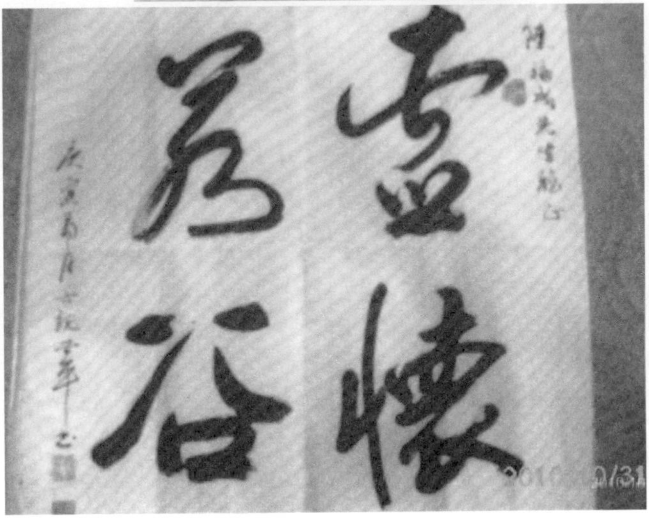

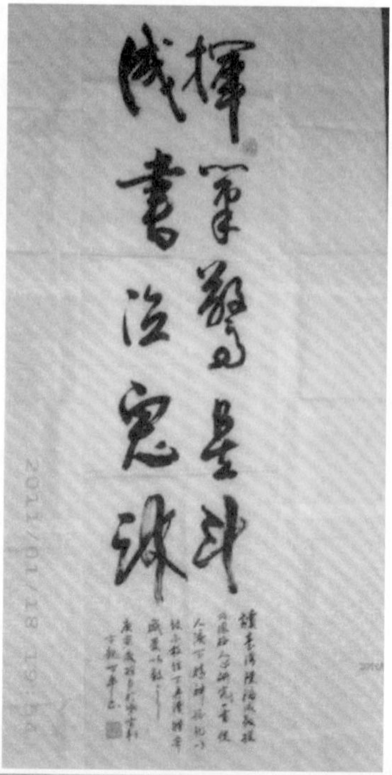

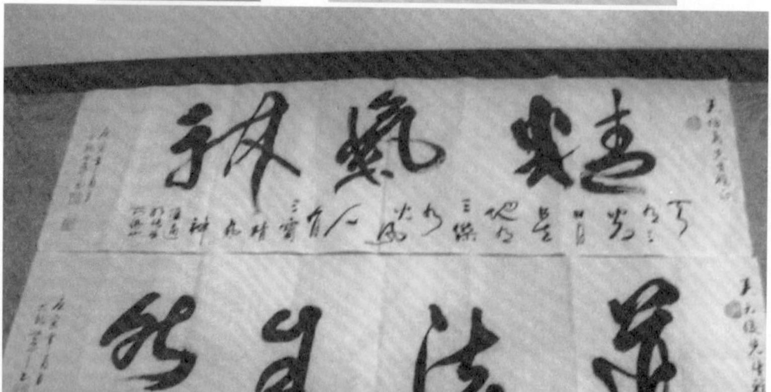
2010/10/31

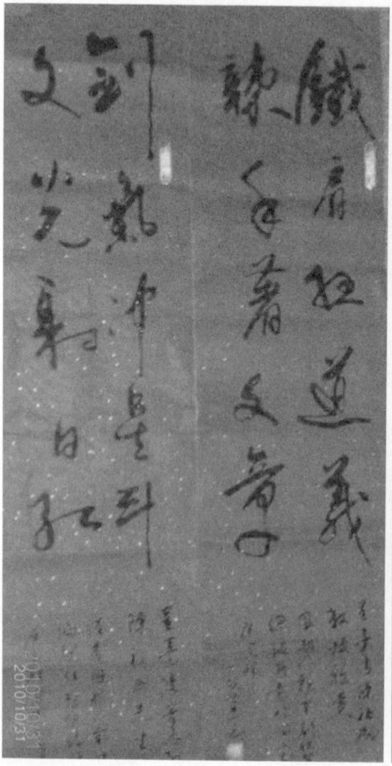

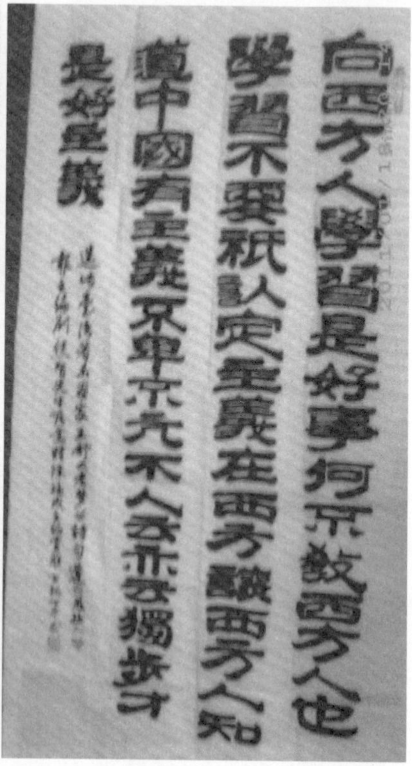

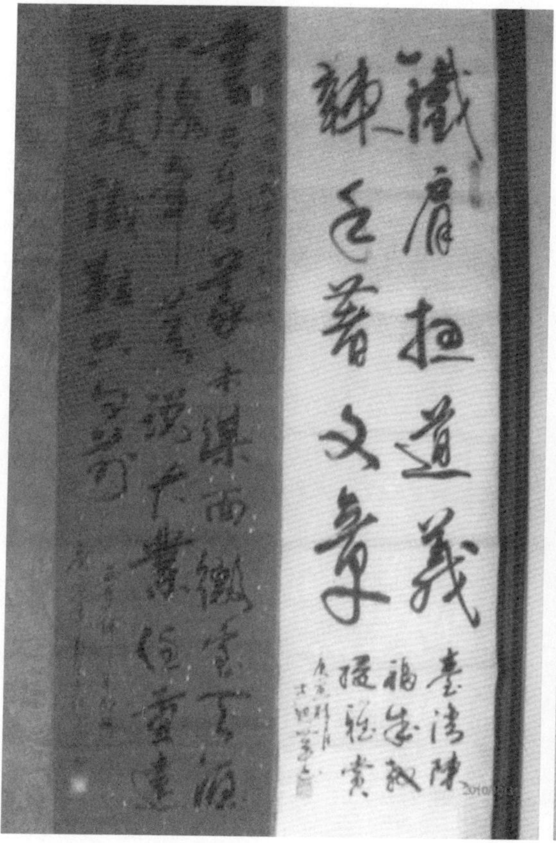

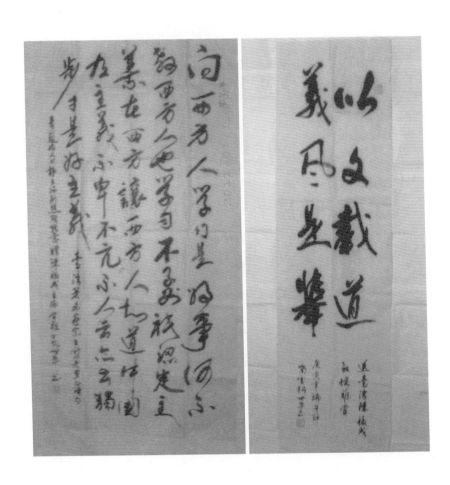

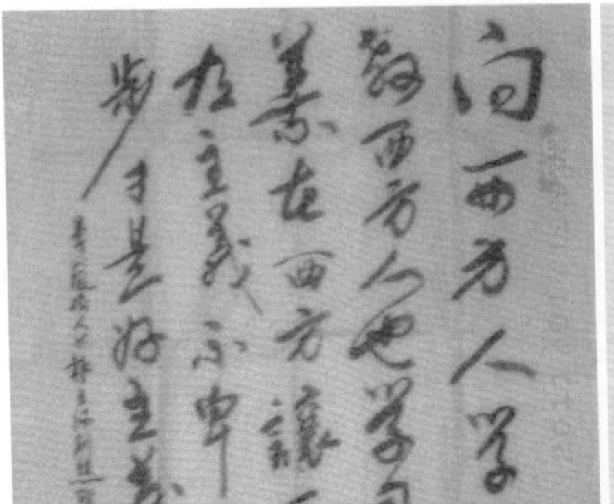

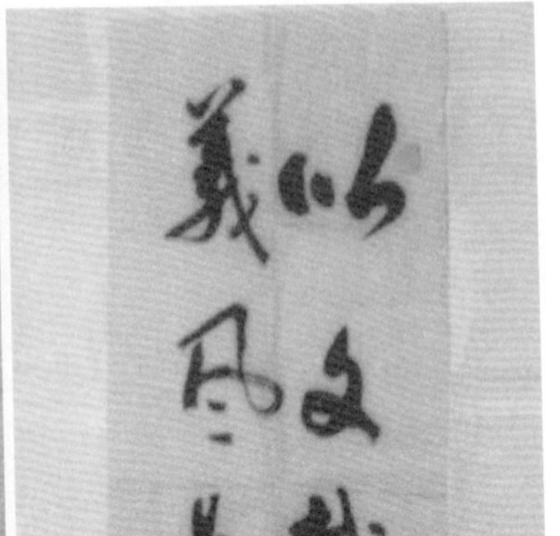

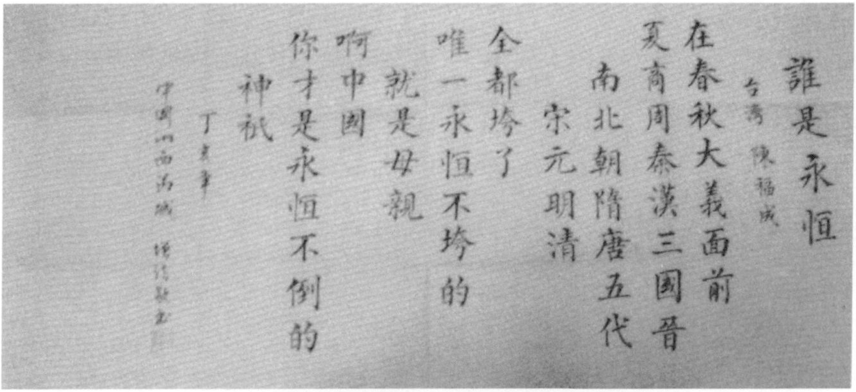

劉增法書法，陳福成詩。

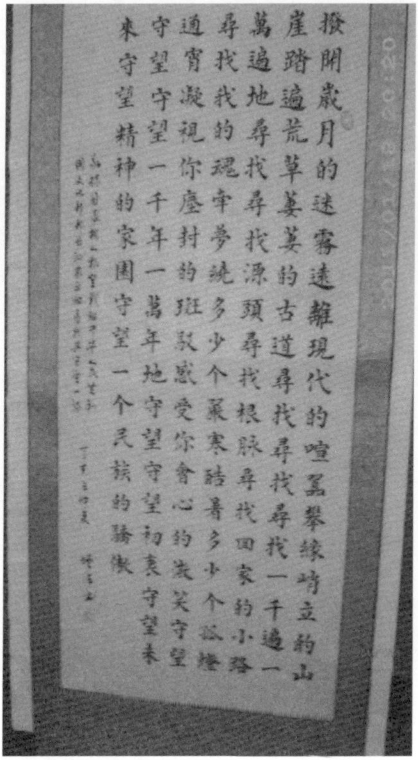

劉增法作品

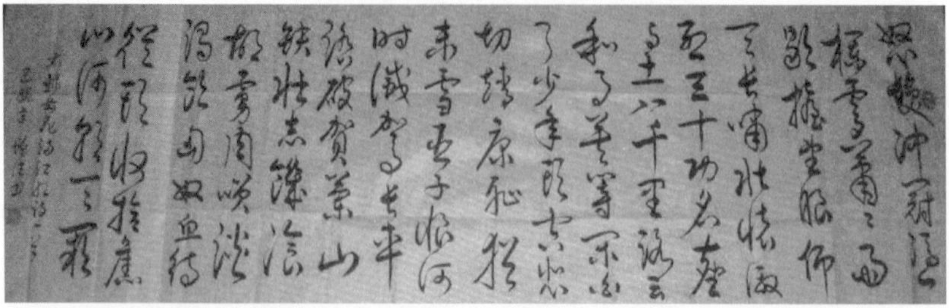

劉增法作品

劉有光、楊雲作品

劉有光作品

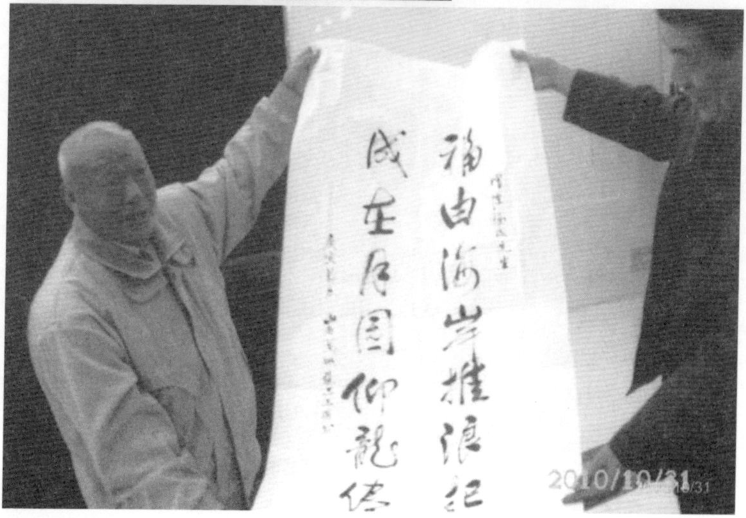

左圖：楊雲作品
下圖：趙志杰作品（右：范世平）

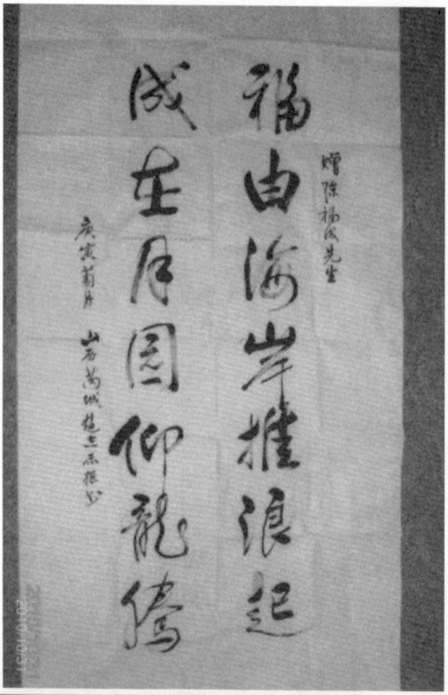

趙志杰作品

趙志杰（左）作品（右：吳信義）

霖（郭玉琴）作品

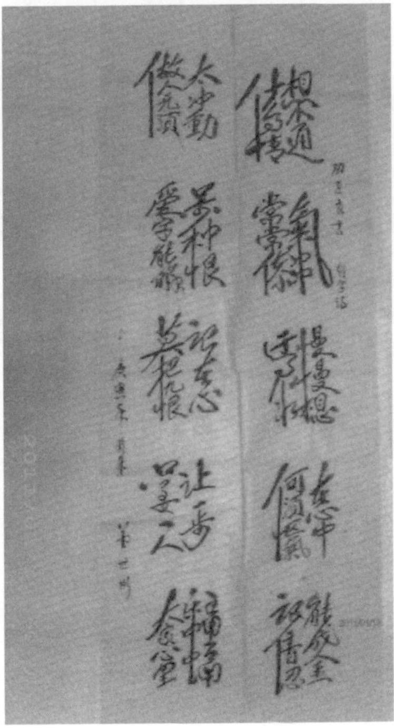

董世彬作品

以上各書、畫名家中，范世平先生另贈余一本親自毛筆書寫的詩集（封面如影印），都是傳統詩詞，併陳數頁，以供雅賞。亦顯范君在書法上確實功力深厚，且創作力驚人。

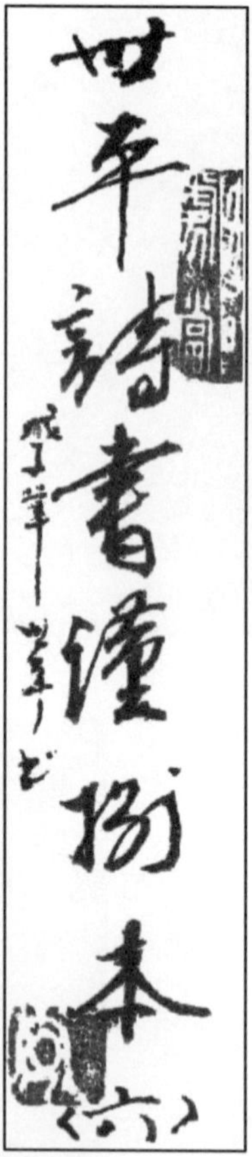

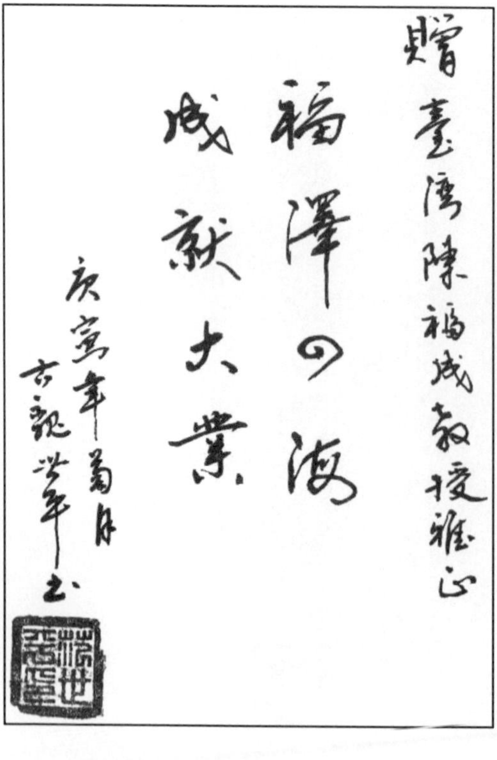

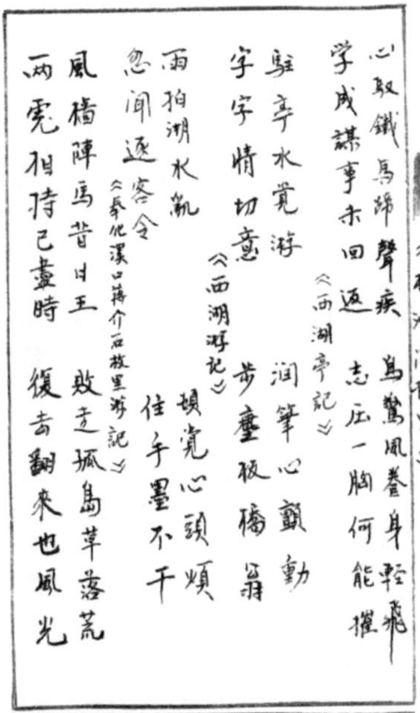

《杭洲湾探兒》
心馭鐵馬歸聲疾　鳥鶩風卷身輕飛
学成謀事未回返　志在一胸何能擺
《西湖亭記》
駐亭水覓游　潤筆心觀動
字字情切意　步壘板橋翁
《西湖游記》
雨拍湖水亂　頓覚心頭煩
忽聞遠客令　住手墨不干
《奉化溪口蒋介石故里游記》
風檣陣馬昔日王　敗走孤島草落荒
兩党相持已盡時　復去翻來也風光

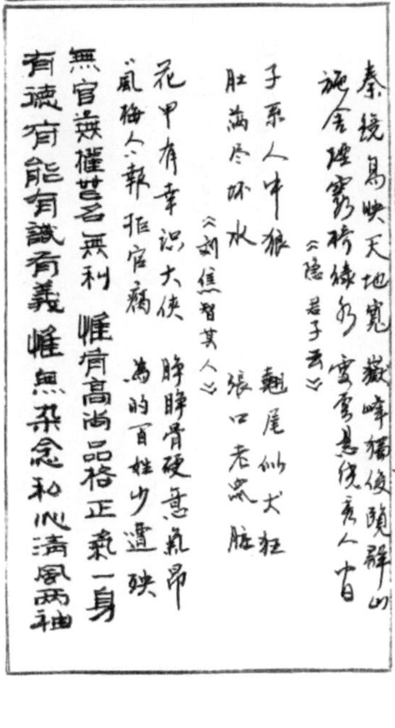

《為台湾秦岳施雯夫婦作》
秦嶺島映天地寬　嶽峰獨俊顯群山
施舍理雯持緣分　雯秀慧俊秀人間
《隱君子云》
子系人中狼　翹尾似犬狂
肚滿尽邪水　張口老虎腔
《劉焦智其人》
花甲有幸識大俠　睜睜骨硬氣氣昂
鳳格人人報　拒官痛　為的百姓少遭殃
無官無權無名無利　惟有高尚品格正氣一身
有德有能有識有義　惟無杂念私心清風兩袖

范世平詩集內頁之一（下同）

細看世平兄的詩集，可謂是他的生活日記。從前面「登華山」、「觀電視四川交通廳長家中搜出盡是錢」……到後面「斥小布什」等，計一百二十餘傳統詩詞聯等。其作品我印下兩頁，分別是「杭洲灣探兒」「西湖亭記」「西湖遊記」「奉化溪口蔣介石故里遊記」「爲台灣秦岳施雯夫婦作」「隱君子云」「劉焦智其人」七詩一聯。那首蔣公故里把國共兩黨的百年鬥爭史，起落始終表述的真是太傳神了：

風檣陣馬昔日王　敗走孤島草落荒
兩黨相持已盡時　復去翻來也風光

說歷史也是歷史，說人性也是人性，說自然法則也是自然法則。兩黨相持「已盡時」太神妙了，是中國歷史的法則，天下勢分久合合久分；但也是「叢林法則」，從進化論解也通，從國際政治解也通，這些或許已是本章主題的題外話了。

但芮城書畫名家的「題內話」還有很多，卻也說之不盡的。例如芮城宣傳部長余妙珍女士贈的「朝元圖」長卷乃芮城之寶，其臨摹畫家張碩也是一代名師。再者，永樂宮壁畫出自那些畫家？多數已不可考，在三清殿神龕內東北角題記曰：

河南府洛京勾山馬君祥、長男馬七待詔，把作正殿前面七間、東山四間、殿內斗心東面一半、正尊雲氣五間。泰定二年六月工單（畢）。門人王秀先、王二待詔、趙待詔、馬十一待詔、馬十二待詔、馬十三待詔、范待詔、魏待詔、方待詔、趙待詔。（見「永樂宮志」，頁四八。）

以上畫家只有馬君祥在洛陽白馬寺碑刻中有「馬君祥領畫工……」，見王伯敏「中國繪畫史」，證實有馬君祥這位畫家，三清殿壁畫有他的作品。而純陽殿則有元初名畫家朱好古的作品。所以我們看永樂宮壁畫，也等於欣賞芮城書畫，而且「展期」更長，可以展個幾千年沒問題。

第七章 中國「古歷史文化學」專家黨忠義

如何爲黨忠義先生的知識專業領域定位，有點難。從他的著作研判其知識背景，大約在大學院校的考古、人類和民族三個學系範圍，但他又不是這樣的「學院派」正規訓練出來的學者專家。

他對中華民族古歷史文化之底蘊，有極深厚而系統性的理解，學院中苦讀訓練十年，未必有黨忠義的功力。是故，我暫且稱本章這位主角叫中華民族的「古歷史文化專家」，簡稱「古史專家」。

黨忠義是何方人士？他是芮城縣風陵渡鎮人，一九五六年八月八日生（小我四歲）；又名中藝，字檮垸，另字寒煜，曾從事教育和行政工作。中國華夏文化交流協會副秘書長、中國國際龍文化交流協會常務理事、中華全國農民報協會新聞與文化研究工作委員會秘書長助理；另外他也是北京企文申享國際經濟研究院名譽院長、華夏祖廟開發公司董事長。他說：初涉文壇。但我手上就有他的四本書：

「六官逸事」，香港銀河出版社，二〇〇五年九月。

「西侯度遺址」（與薛孝民、薛俊虎合著），自印版，二〇〇六年二月。

「華夏始祖」，北京作家出版社，二〇〇八年七月。

「袁天罡與推背圖」，北京，作家出版社，二〇一〇年九月。

「華夏始祖」一書暢說古中國人一百八十萬年生活奮鬥史

「華夏始祖」一書，以章回小說體寫成，共五十六回約四十萬字，雖是小說，卻建構在歷史事實和科學基礎的研究上。（如其參考書目，有「史記」「西侯度」「水經註」「史前期中國社會研究」等六十六種。）

是故，這不是一本單純的只是小說。爲「華夏始祖」寫序的中國民族

資料來源：黨忠義，「華夏始祖」，頁三。

學會理事，也是西安半坡博物館研究員趙文藝稱黨先生，「將考古學、歷史學、民族學以及神話傳說等方面知識融爲一體，經過藝術加工與提煉，塑造一個個栩栩如生的人物形象，在歷史的舞台上盡展風流，給人以知識、享受、啓迪與思考。」

另一位寫序的山西考古研究所研究員王益人，則說「黨先生敢爲人先，納涓流匯之於海，他是一個民族文化的搜集者、整理者和傳承者。」

中華海峽兩岸新聞事業交流協會理事長許水樹，激動寫著，「這位老弟，不簡單！幾年來，他爲了修復列祖列宗祠廟大業，爲了弘揚華夏民族的遠古化文，放棄了自我，融入了一切，幾乎到了不眠不休的痴狂程度。」而第四位香港「時代華人」雜誌社社長劉一臻，說「閱完之後，百感交集」「作爲一種愛國主義、民族主義教材」，讓我們後人得到啓發。

這是各家對該書的看法，到底「華夏始祖」一書內容寫些甚麼?引述幾回標題，當可略知梗概：

第一回　雷首山古猿衍生　西侯度人類起源

第二回　襁褓中女媧遷徙　雷澤畔伏羲降生

…………

第十六回　阪泉野炎黃三戰　大合並華夏一統

第十七回　鳳凰山祭祀封禪　風陵城奠基偉業

……

第五十五回　建都安邑得天下　郊祭配天失人心

第五十六回　大禹崇德固江山　夏啟尚武建王朝

可知黨先生這部小說涵蓋的時空範圍，從一百八十萬年前的西侯度先祖，寫到夏朝。（按：夏禹元年，西元前二二〇六年，是年，都安邑，以建寅爲歲首，封唐虞，會塗山。）這是我見過時間跨度最長的小說，就算減掉夏朝到現在的四千年，也還有一百七十九萬六千年！

這小說起始點的雷首山一帶、風陵渡、鳳凰山、西侯度、歷山（見前圖），我等此行都到了現地或附近，無不感受到祖靈在胸中呼喚的聲音。

「袁天罡與推背圖」一書補正史不足

「推背圖」相關的人事傳說，在中國民間社會很紅，鄉巴老都能聊上一段。

歷史故事的魅力就在有、無之間。例如「三國演義」中，司徒王允為除國賊董卓，以義女貂蟬為餌，設「美人計」，挑撥董卓和義子呂布間的猜忌，借呂之手成功殺董。以及孔明那段「空城計」，民間社會無人不知。但你去查正史，「貂蟬」是誰？「空城計」何時何地如何等？真的是找「鬼」啦！

和貂蟬、「空城計」不同的是，袁天罡和李淳風正史有其人，都是初唐的天文學家、數學家和氣象學家，「推背圖」也流行了千百年。只是關於流傳的史事（正史、野史），顯得極為零落，為整理非物質文化遺產，黨忠義放下西侯度老祖，又一頭栽入袁天罡布下的神秘世界。這位黨兄幹活超積極的……他說……

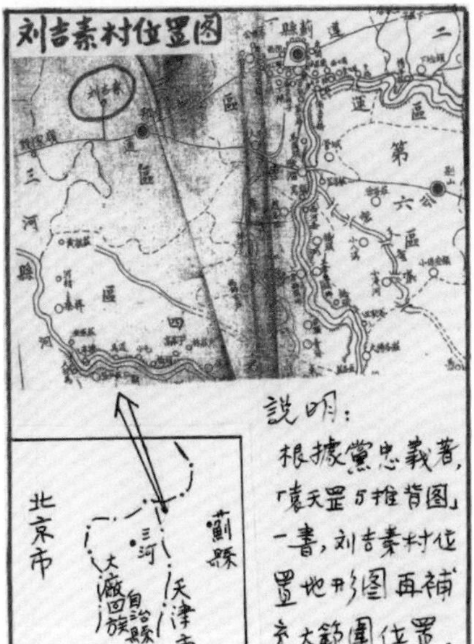

二〇一〇年初夏，新聞出版署的張鐵林處長來電話邀我到北京一趟，說在京、津、冀交界處有一個神秘的山村，是唐代相術風水大師袁天罡的隱居之處。那裡有袁天罡的墓冢和一些鮮為人知的遺跡，流傳著許多關於袁天罡的逸聞趣事，文化底蘊非常深厚，

讓我抽時間去看看！

這是黨先生在卷首提及的一個緣起，很快，二〇一〇年五月十日上午，黨先生在張鐵林和北京尹路傳程文化傳播有限公司董事長尹路、盤古雜誌社梁宛寧社長等人陪同下，驅車到了這個神秘的地方。

劉吉素村，位於天津薊縣白澗鎮北部，和北京平谷區、河北三河縣交界，開始對袁天罡的故事，進行全面的田野調查。（筆者補充劉吉素村位置圖如上）。

當是時，現地帶路的是新上任的村委會主任袁文利，他講了許多典故軼聞，劉吉素村有五千多口人。黨先生也訪問不少老人，特別他提到八十三歲的劉瑞祥和于文明二老，及八十五歲的于文啓老人，娓娓道出祖先傳下的故事。

該書含黨忠義的考證研究、「推背圖」圖文釋解、袁天罡稱骨歌及袁姓淵源，計近三百頁。算是把散落各地的非物質文化，做有系統的整理。爲該書提序的中國華夏文化交流協會會長季方說：「在當今這個浮燥的時代，能夠踏踏實實地做點事很不容易，忠義就是一個踏踏實實做事的人。」

「他的執著與勤奮」，忠義不辭辛苦的考察，給後人留下一份寶貴的文化財富。

「六官逸事」講六官及「忘記過去就意味著背叛」

「六官逸事」是黨先生編，百頁約三萬字上下的書，全書有十餘篇短文組成，惟閱其全書，仍是「著」，而不是「編」。他把流傳久遠的故事，寫成一篇篇短文，當然是著，稱編是作家的謙虛。

「六官」是指六官村，在雷首山北端（距西侯度村三公里多，再看前圖，村太小未顯示圖上。）

稱「六官村」，是這村莊出過（含來過的）六位中國最大的官，分別是帝堯放勛、帝舜、帝禹、漢光武帝、康熙皇帝和乾隆皇帝。

六官村又叫「六觀村」，因這裡居高臨下，可俯視華北、中原、西北三大區、六國都城可在景觀之內，分別是秦都咸陽、唐都西安、舜都蒲坂、魏都芮城、漢都洛陽及宋都汴梁。在軍事上，這裡可稱「戰略要點」。

所以，「六官逸事」講的當然是我中華民族那六位古聖先賢，他們和六官村的歷史情緣。本書前七篇，「石門澗・雷首山古猿」、「陶唐侯・堯帝城」、「舜帝祠・漢光武帝」、「大禹王・三打嶺・后土廟」、「康熙帝・龍頭鳳尾柏」、「乾隆帝・金線吊葫蘆」和「回谷廟．郭財東」等，都是珍貴而可讀性高的文化財，有「故事性」的吸引力，適合說書或講給小朋友聽。

黨忠義先生在「六官逸事」一書的後記

筆者的故居在六官村南一公里的王寮村，是舜王牧牛的地方，還在剛剛懂事的孩提時代，就經常聽老人們講舜王和他的繼母姚婆子的故事。舜王至忠至孝的品德和形象，姚婆子凶神惡煞的繼母形象，深深地刻畫在我幼小的心靈裡。非常慶幸自己有一個溫馨的家，不會受那「白天打，黑了擰，不是鞭子就是繩」的虐待。

我的家是書香門第，為繼列祖列宗的懿德，父親給我大哥取名忠孝，給我取名忠義，給我三弟取名忠信。意在讓我們效法舜帝，故一個忠、孝、義、信之人。

上了小學以後，老師經常帶著我們到廟塔上進行革命傳統教育。聽六官村的姚文忠老人給我們講日本人燒殺掠搶的暴行，講他當維持會長時受過的挫磨，講二戰區的美國飛機轟炸日本人的故事，講孫蔚如、駱春霆、老侯、楊振邦等抗日英烈的傳奇故事。在村裡，經常聽老人們講當年逃日本的恐怖情形。

老人們的血淚控訴，滿山坡的秦磚漢瓦，隨手可以撿到長長的飛機子彈和三個孔的子彈夾子。在我幼小的心靈裡，激起了對日本鬼子的刻骨仇恨。

成年以後，筆者一直在當地鄉鎮政府工作。對民族發祥地的遠古文化有了進一步的了解。對雷首山一帶被日本人燒掉的八座祖祠廟詳細地做了考証和了解。一直有一個心願，就是把這些祠廟重建起來。把列祖列宗的牌位豎起來，以盡一個華夏子孫對祖宗的忠孝之心。

華夏祖廟一共規劃四個廟區，一個展示館。即鳳凰山廟區，虞山廟區，堯山廟區，歷山廟區，西侯度古文化遺址展示館。虞山廟區裡重點重建舜帝祠，同時修建雷首山抗日英烈紀念館。

在考証祠廟重建的依據時，我翻閱了大量的史書典籍，走訪了許多民間老人，搜集了大量的歷史資料和民間典故，曾撰寫過一本上古歷史故事《華夏列祖演義》。在中國人民抗日戰爭和世界反法西斯戰爭勝利六十周年之際，為了紀念那些在雷首山一帶和日寇浴血奮戰的抗日英烈，筆者把侵略者在雷首山一帶所犯下的滔天罪行以及華夏兒女抗擊倭寇的可歌可泣的事跡部分整理成冊。

「忘記過去就意味著背叛。」筆者的本意，就是以祈讓我們的子孫後代牢牢圮記住這一段歷史。記住是倭寇的鐵蹄踐踏了我們的河山，燒掉了我們的祖祠祖廟，蹂躪了我們的遠古文化。記住我們的前輩為捍衛祖國，驅逐倭寇，抛頭顱，灑熱血的光輝事跡。

在整理這些歷史資料的過程中，我老有一種緊迫感。感覺到那些親身經歷了這一段歷史的人，在世的已經不多了，有講述能力的更少。如果不及時挖掘和整理，就會有失傳的可能性。那將是很大的、無法彌補的遺憾和損失。六官村九十歲高齡的姚文忠老人，不顧年老有病，給我整整講述了兩天；姚建忠、姚芝田、姚金漢等老人回憶了當年的情景。我的老父親，十二歲就開始在六官廟塔上給日本人支夫，他也把當年的親身經歷和見聞詳細地做了回憶，提供了大量的資料和素材，薛孝民、鍾安國等朋友熱情地為我提供了不少詳實的線索，並給了有力的支持。在此一並表示感謝。

二〇〇五年八月七日　于風陵渡

後幾篇，「日本人來了」、「抗日烽火」、「駱春霆・美國飛機」、「老侯隊伍」、「秦浩亭・楊振邦」五篇，應是永遠的「現在事」，值得每一位中國人不斷的宣揚。永遠不能忘，「忘記過去就意味著背叛」。

我初略概讀黨忠義先生的幾本著，了解他的部份行誼。小結深感「黨忠義的思想、黨忠義的精神、黨忠義的力行實踐力」，都是了不起的，深深讓我感動，相信也感動每一位炎黃子民。他在「六官逸事」那篇後記，很簡潔的呈現他的「思想、精神和春秋大義」，重新再引刊出來，希望多幾個中國人看到、讀到。我再強調一段文字：

> 一直有個心願，就是把這些祠廟重建起來。把列祖列宗的牌位豎起來……記住是倭寇的鐵蹄踐踏了我們的河山，燒掉了我們的祖祠祖廟……

就是這一段，我不知道現在這些大工程進行的如何?未來若有機緣，我一定會再來參觀。但想想，黨先生要做的是一種「春秋大業」，有甚麼方法號召更多的中國子民一起做，大家來支持，本書的宣揚效果或許也極爲有限！

第八章　「道家呂仙修行養生專家」侯懷玉

我寫本文時，思索著如何為侯懷玉先生做最適宜的定位，至少能講的比較正確些，真實些，而不要盡是一些溢美，就會顯得「失真」。

思考的結果，我把侯先生定位在「道家呂仙修行養生專家」（簡稱「呂仙傳家」），我先「破題」。

道家有很多派別，我們常說的「老莊」，老子和莊子就大大不同，老子尚承認國家的功能，莊子已接近無政府主義。呂洞賓最推崇老子道德經，故呂仙是「李派」（老子姓李）無誤。但「道家」和「道教」又不同，從思想內涵上研究，呂仙歸在「道教」中人，而非「道家」中人，因為道教稱老子為教祖，只是一種「假托」。本文的標題「呂仙」是一個研究範圍。

「專家」二字何等慎重之名器，如本書前文稱張西燕小姐「作家」，稱黨忠義先生

「專家」，本文稱侯先生亦是專家。若他們沒有提出「夠重量」的作品及專家程度以上的論述能力，我亂用名器，也只顯示我的隨便和不夠真誠。這是我先做的「破題」說明。

侯懷玉是誰？他是芮城縣營子村人，一九三一年生。終生從事教育工作四十年，退休後，隨北京韓秋生導師學煉「人體生命再生工程」，即「呂洞賓養生大法」。被聘爲芮城縣呂洞賓養生學研究會理事、芮城道教文化研究會會員、芮城縣老年書畫研究會會員。

另外，他可能在歷史、文化方面下過很深的功夫，做過不少「田野調查」。在「九峰山」一書的序中，前中國建築工業出版社社長楊俊稱，「你在社會調查方面做了大量的工作，包括文物古跡、民間傳說、神話故事、道教文化、保健養生……」這更從旁論證我訂的標題錯不了。以下就從侯懷玉先生所著的四本呂仙修行養生專書，略述侯先生的修行與養生大法。

「九峰山：呂仙修行聖地」（香港，中國文化出版社）

本書出版於二〇〇八年八月，叫「呂仙修行聖地九峰山」也可以，我查閱多種地圖找不到「九峰山」，可能比例尺不夠。書前的芮城旅遊地圖也沒有九峰山。

「九峰山概述」一文說，九峰山位於黃河中游大拐彎（鳳凰嘴）處，山西省芮城縣境內中條山南麓。又說，九峰山名勝古跡頗多，有靖道院、古門寺、靈峰寺、延祚寺、樂南寺、玄逸觀、唐寺庵、方山、五老峰、鬼谷洞、寶玉台、馬武寨、張洞坡、仙姑墳、呂帝祖塋等。

在另一本「呂仙養生大法」，「九峰山別有洞天」一文，提到九峰山海拔一七五四米，九峰是桃花峰、杏花峰、櫻桃峰、百合峰、石榴峰、葡萄峰、仙果峰、梨花峰、棗花峰。九峰山又腰嵌九洞，有寂昭洞、繡花洞、道姑洞、摩崖洞、純陽洞、蓮花洞、靜心洞、寒鴉洞、玉石洞。

查「芮城縣旅遊景點分布圖」（書前），雖無九峰山之名，但「九峰山景區古跡景點」則很多，最西到玄武祠遺址，最南到泰山廟遺址或段干木故里，最東到五老峰和水峪景區之線，最北到雪花山，大概都可算是九峰山範圍。

該書采集九峰山範圍內，古今以來這一帶和道家呂仙相關的史事逸聞，乃至流傳的故事等，寫成一百零六篇散文、詩歌。如呂布祖塋、王莽追劉秀、趙匡胤下河東、玄逸觀唐寺庵、雪花山、五老峰、寶玉台風彩、馬武寨程咬金建都遺址……這些故事若無人整理出來，知道的不多，且越來越少人知道。民族文化遺產就會流失，以後更多的炎黃子民就會「忘了我是誰？」

是故，侯先生完成本書對民族文化的保存有重大意義。該書的寫作過程也像古代的「采官」（西周的采官是政府編制內的官職，其職責專門採集民間流傳的詩、歌，「詩經」就是采官從民間採集的作品，本來數量很多，孔子擇其美善者三〇五篇，編成教材教導學生。）

「我健康：呂仙養生大法」（北京，中國文化出版社）

在侯懷玉退休後著墨、修習研究的諸多領域中，「養生」應是他專業中的核心重點，因其四本「呂仙」著作，有兩本專研究長壽、養生之道。這本養生大法出版於二〇〇九年六月，距出版「九峰山」僅十個月，亦見其著作之勤，也是一位多產作家。

據侯先生言，他退休後經三、四年之覓功，終於覓到祖國正宗的中門正道方法——「人體生命再生工程」，從而刻苦學習，博覽群書，懂得了修道在於悟，便開悟，才終於悟到身體不健康，或提早衰退，其根本原因是由於「四體不動、五谷不分」造成的道理。（按：「谷」可能「穀」之誤）

「人體生命再生工程」即「呂仙養生大法」或叫」靈寶畢法」，乃祖國性命之學，內容極其豐富，包含道教、儒教、釋教三教同源歸一的：

> 儒家之教，教人順性命，以還造化，其道公；
> 禪定之教，教人幻性命，以超大覺，其義高；
> 老氏之教，教人修性命，以得長生，其旨切。

這裡講的「三教歸一」，是唐太宗爲謀民族大融合，倡文化大交流，乃命經學家孔穎達（五七四—六四八年）編「五經正義」，吸收了王通（五八四—六一七年）的「三教可一」思想，明確的啓動「三教歸一」的融合大工程。此後這項大工程約進行了一千年，現在我們才說儒、佛、道三家，是中華文化的三個核心思想。

侯先生這本「我健康」一書，約有七十多短文，講解呂仙養生大法之理論與實務操作。大凡練功、養生、修行之事，光談理論都是「空話」，無濟於事，例如學游泳、練武功，說千篇寫萬言，而不下水練習，終究不會游泳。

所以，該書後半部有圖有表，有各種修習的人形圖解，十門法、站式、行式、坐式、臥式等法，調息補氣法，乃至強腎、強肺、強脾、強肝、強心等法；還有導引行氣功、對症施治功等。這些若要好好練，必須把侯先生的書買來，依圖操作，非我三言兩語能說的清楚！

但讓人感受到，並非現代人才在重視養生之學，原來我們的老祖宗在久遠之前，已有如此先進、正確的養生大法。而很多人不知道祖宗有寶貝，一味外求，以爲西方真有「仙丹」，殊不知廿世紀末西方已在向東方求「靈藥」了！

「長壽方：呂仙秘旨保健」（北京，中國文化出版社）

本書出版於二〇一〇年五月，距上一出版書不到一年。本書有呂仙秘旨保健及呂仙相關修道研究，五十多篇解說文章，及百餘圖、像操作說明。

在文字解說部份，以「築基是人體生命再生工程的基礎工程」一文，爲秘旨保健精要，其中的「築基煉已訣」和「築基以德」，以及「意守工夫」、鍛煉意守工夫的順序和原則，都不是筆記口說能弄的清楚。幸好，有圖表解說，趣者可參閱，方便修煉。

用人像圖解的練功保健應是本書最重要的部份，因爲所有的功夫都要用人像指引動作，才能清楚明白。本書第一一三頁「人體生命再生工程程序」，到一六六頁止，是各種保健修習的練功圖式。「修持性命全部火候圖」、「先天主生圖」、「沿督任二脈筋骨狀態圖」……

第一二四頁以後的各種身法、聚散行功動作圖解，而聚散站功裡的「通天勁八段錦」，我在小時候見長者練過，不意侯先生也練此功法，並著書立法，傳於後人，實乃功德無量。

該書「性命雙修正與邪的分界線」是一篇重要的提示，蓋因儒、佛、道諸法，雖都是「正法、正道」，但若被邪思邪行之人曲解使用，正法也會成「魔道」，此不難理解；其實一切世間法皆如是，並非「法邪」，而是「人邪」。舉一實例，佛法本是世間之正法、正道，但藏傳佛教的「密宗」一派，長久以來流行以男女「性交」過程，達到所謂「行佛、成佛」的目的，達賴也是這一派的主張者。雖說是「密宗」（極機密的進行性交儀式，有時女弟子必須以自己身體「供養」上師。）現在已被很多人揭發內情，視爲一種邪教、邪道。

凡此，想必世間處處都有。侯先生警示正邪分界，要從練功宗旨、內容、方法及固七情六欲去理解。吾人以爲，大體不外存乎一「心」吧！三教融合到宋明時期，出現「理學」，謂「一心誠，天地萬物皆真；一心不誠，天地萬物皆假。」于以爲，確如是。

「道德經：呂仙尊崇聖典」（北京，中國文化出版社）

本書出版於二〇一〇年七月，距上一本才兩個月，真是神啊！該書一半是他研究道德經的心得，後有大部是道德經註。我國歷來研究道德經的作品頗多，筆者不多贅言。

我等這次芮城行，雖只和侯先生幾面之緣，聊上幾句話，甚至不久也忘了和他聊些甚麼！幾年後若再見面也未必能立即認出。但我喜歡從著作中去了解一個人，如同讀李白、李賀的詩，研究他們幾千年前也曾有「芮城行」，那種感覺也只能說「神」奇啊！

侯先生出生在芮城縣營子村，現住西關村。一九四九年七月（十八歲）報考教師，從此做了一輩子老師，他回憶學生時代碰到好師長（永樂高小楊杰校長），傳授新的學習方法。後來有一位德高望重的長者叫秦茂軒老先生，以他的表字「懷玉」作一幅對聯：

懷展德業樂教育　玉成品學檢身心

侯先生把那老先生的贈聯當「座佑銘」，一生自我策勵。放下教育工作後，他又修習養生學，著書立說，「教人要教心，悟道要悟真」，「度人先度己，成己後成人」。

或許，我們也可以稱他是芮城的「呂仙」。

第九章　芮城詩人李孟綱的詩教人生

芮城詩人李孟綱先生送我一本「勸學詩」（中華詩詞出版社，二〇〇六年十月）。數百首全是傳統詩詞，對多數中國人而言，欣賞傳統詩詞比現代詩容易，這和「基因」有關！

李孟綱是何人？先來了解他的基本背景。他是芮城人，從事教育工作四十年，已退休。中國作家協會山西分會會員、中華詩詞學會會員，曾任「黃河詩社」社長，「黃河詩詞」總編；應聘「共和國驕子」大型系列叢書特約編委、「中國視點雜誌社」特約記者、「北京燕圖聯文化發展部」特約作家、「中華風」專欄作家。

李孟綱的報導文學發表於「人民日報」、「紫光閣」、「山西文學」、「中國世紀大采風」等。詩詞多發表在「華夏吟友」、「難老泉聲」、「當代詩詞六百家」、「二十世紀詩詞大觀」、「山西日報」等報刊詩集。他曾多次獲國家級詩詞大賽獎，發表過的詩詞數千首。

李孟綱先生一生在詩詞的文學花園中耕耘，包括當了四十年老師，他也用詩教育學子，故說李孟綱的「詩教人生」。

他在該書後記說，「勸學詩」是他四十年教育教學生涯中，寫給學子們的詩，是教育教學的總結，是他心血的結晶。可見得本書有重大意義，因爲每一首詩都和某一個人有關，可能也啓蒙了當事人。

但我尚未讀內文就先受到感動，那位中國詩書畫研究院研究員「華夏吟友」主編，王成綱在序中說，「多一個娃娃，多認得一個正體字，就會多一分對傳統文化的繼承……我認識好多學文史的博士，居然缺乏認讀正體字的能力，這該是誰的責任呢？」

是啊！「這該是誰的責任呢」正體字就是台灣目前使用的「繁體字」，大家也通稱「正體字」。是誰廢了正體字？說了傷感情！責任就留給歷史裁判吧！

該書有勸學、惜時、讀書、人物、勵志、河山、嚶鳴等七篇，我隨興翻看詩集，一首「葛洪負笈」讓我兩眼一亮：

東晉有葛洪，好學出大名。
為求名師誨，負笈千里通。

看到「葛洪」我爲何兩眼一亮，美國的「隱形戰機」十多年來常是新聞話題，但今（二〇一一年）春吾國的隱形戰機（殲20）也出名了。很多人知道葛洪是東晉思想家，但不知他也是大科學家，全世界最早研究隱形（匿跡）科技者，就是我國東晉葛洪。

葛洪的代表作是「抱朴子」，凡百十六篇。另有軍事檄移章表箋記三十卷，神仙傳十卷，隱逸傳十卷，五經百家之言方技雜三百十卷，金匱藥方一百卷，肘後要急方四卷。其著作之豐，前所未有。

該書「嚶鳴篇」，有「贈張亦農先生」詩，亦農兄陪我等跑了好多天，讓我和二位吳君有機會沐浴在他的風采中，如與春風交心。李孟綱寫亦農兄詩曰：

揮毫善寫龍飛字，學富五車儒子奇。
行止落思胸納海，剛柔兼濟善謀治。
高樓映日河山秀，睿目觀天興廢知。
破浪排雲堪里手，賢達平易有譽詩。

任何人見到的亦農兄，正是這樣一位從胸中的詩書散發於外的溫文儒雅。記得庚寅年春節（二〇一〇年），他寄來一本大部頭巨著「永樂宮志」，該書由張亦農、景昆俊任主編，任如花是主編。我寫前一本「山西芮城劉焦智鳳梅人報研究」及現在寫本書，許多資料都從「永樂宮志」取材使用，亦農兄真是幫了大忙。

我等芮城行所見另一項很驚異的事，是劉智強、智民兄弟所領導的西建集團，他們還能保有中國「儒商」的精神內涵，對芮城的地方建設做出重大貢獻。李孟綱先生「贈西建公司經理劉智強先生」，詩曰：

起家一瓦刀，建築稱英豪，
樓棟千幢豎，平地勁狂飈。

「勸學詩」也有很多寫景寫事的詩，永樂宮、大禹渡、大禹神柏、風陵渡、長江、黃河……都在他的詩筆下星星相映，只要是中國人必能心領神會他在說甚麼！

李孟綱先生勸學詩意取荀子「勸學」，希望從中外名人勸學故事中，擇取名家事跡，編寫成詩歌，用真誠的感情，去誘導、去勸化、去感悟，去激勵學子們。這種「詩教人生」的信念，用一生去力行實踐，或許我們可以稱他是「芮城孔子」，孔子不是以詩教化他的三千弟子嗎？

李先生退休後，亦未忘情於詩，未忘情於詩教。他和同仁創辦詩社，組織詩詞愛好者。「黃河詩詞」爲許多初習詩創作者提供發表園地。近幾年來，芮城文壇萬紫千紅，碩果累累，有李孟綱傾註的心血和汗水。

我並不了解李孟綱先生經濟生活上的水平，但「黃河詩社」名譽社長李志英先生在序中說：「雖生活清苦，居住簡陋，而自得至樂。」

對這樣一位「孔子、顏回」精神均兼而有之的芮城詩人李孟綱先生，我在遙遠的台灣島上，向他致上崇高敬禮。我佛慈悲，保佑這位「老」朋友，長壽、健康、快樂！

第三篇　詩說：山西芮城詩歌之旅

在那遙遠的地方

從小曾在的胸後迴盪
隨時間成長的漣漪
如夢的曼妙國度
孫龐鬥法
孟子為梁惠王講經
那法益，永恆不絕
那遙遠的地方　不遠
因為我從小聽得到那聲音
再遠，在心海深處
如今　故事鮮活在眼前

我驗證了千載夢境與實景

註：山西省芮城縣一帶，戰國時代是魏國領土範圍，歷史上孫臏與龐涓鬥法，孟子和梁惠王的利義之辯，應距芮城不遠。我讀國小時，老師講孫龐故事，稍長看台灣歌仔戲演孫龐，原來那真實場景竟在這兒！

老太夫人

芮城正活絡
陽光又叫縣城夯起來
這個溫暖的小窩安靜得像詩經裡最早出現的
那首古詩

老太夫人黟然臥坐太師椅
以微笑向大家打招乎
一座不大的山
縕藏劉家古今史話

她微笑
雙腳未曾挪動過
她走過兩個世紀，有些累了
如今，閒看兒孫同外面的太陽
爬昇　照輝　騰空　飛起

合林寺

梵音，引人隨晚鐘入寺
有霧，看不清遠方
不見僧人
何來鐘聲？
想必是大禹神靈住神柏（註）
神柏　以飛龍之姿
為鎮寺的住持　一當四千年

梵音，裊裊
在時空中飄　夢中遊

向遊人傳法
凡到此一遊　佛必心中坐
把一顆塵心照明
不垢
不淨

註：合林寺前一株巨大的柏樹，形似飛龍，是大禹所植，稱「神柏」。

大禹渡的氾濫

大禹渡　向晚
我蘸起一片雲霧
潑灑入畫境
像把一生的情愛
凝在畫框中

黃河如海的寂靜
湧動　不知不覺
而有感覺　無邊無界
思與詩及閒聊低語

洄游於時間之海

眼前的光景在氾濫
時間和空間也氾濫
河海和感情氾濫

謁大禹廟

你的豐功偉業
中華子民會傳頌千秋萬載
你親手種植的龍形柏樹
飛騰四千年了
依然青春不老
但我關心瑤姬（註）
畢竟有她陪
你不寂寞
無她
歷史缺少一分美感

你欠她一份情

註：相傳西王母的第二十二個女兒瑤姬和大禹有段情，大禹治水到了巫山，發生很大的困難，因為無論如何也不能打通巫山水道。瑤姬派使者送一本能召喚神力的天書給大禹，以神通之力打通巫山水道。解決了大禹的難題。大禹上到巫山，因治水心切，又趕行程，竟未住上一夜，辭別瑤姬立即下山。待治水功成，在巫山久等的瑤姬和侍女，已因思念化為巫山十二峰，最秀麗的神女峰正是瑤姬所化。

大禹渡，黃河岸

我站在巍巍的大禹渡峰頂
鳥瞰黃河　無岸無邊
俯視那一片暮色蒼茫
怎天地之間
獨我一人　浪聲、風聲

看不見洶湧的波浪流向那裡
啊！流向我的血管心臟
壯懷我胸
水壓上衝喉管　射沖出興邦一言

中國是我我是中國

入寶山不能空手回
定要向先聖　大禹
索取一枚足跡
或寫在歷史幽谷中的簽名
珍藏一生　向台胞獻寶

我們焚香禱祝
暮色在迷霧中　神跡示現
大家找好位置與您合影
把千年神彩靈氣洗在相片中
我們與祖靈一同寫歷史

轉身離去時

我頓成一條寂寞的魚　駕時間帆
游向海峽對岸
源自黃河的不朽詩魂
會在夢中縈繞、傳揚、轉世

我知道　寂寞黏人
聽「黃河大合唱」
高聲放歌「Yellow River」（註）
能解孤寂

註：「Yellow River」是一首英文流行歌，流行於一九七〇年代前後，至今仍有傳唱者。

恭請大禹到台灣

後後輩子民
從千里外趕來晉謁
聖者　為
取經　一事
研究如何治水
以救台灣

台灣問題在水
山水對決　搞零和遊戲
而人倒霉

現在天天風災水災不斷
一滴滴惡質的口水
足以興風　足以作浪
淹沒人心，溺斃是非
窒塞理性，異化人性
全島沈淪

啊！聖者，
走一趟台灣
治水、救人

天籟：聽張西燕朗誦劉焦智的長詩

「紫荊簇擁牡丹放．衆仙歡聚福雲漲」

初冬生春花在芮城會議廳飄逸
如洞賓酒香
衆化瀾漫　對妳瀲灩的詩句
化成天韻　微笑
領悟劉焦智綿綿五千年歷史文化的長詩

「游人如織面帶笑．群鴿翩翩舞吉祥」

聲如妙法蓮華為華夏子民
群鴿傳書給比爾蓋茲

贊誦一首有關東方和西方的詩
眾仙心折
歷史文化的馨香才是無量財寶

「永樂瀛湖風光好・八方賓朋慕畫墻」

來自天籟的聲音
在會議廳裡　傳道　解惑
當下頓悟
以比爾蓋茲全部財富買永樂宮一根柱
也不賣

小註：「紫荊簇擁牡丹放　眾仙歡聚福雲漲　游人如織面帶笑　群鴿翩翩舞吉祥　永樂瀛湖風光好　八方賓朋慕畫牆」，是芮城著名女作家張西燕，在「來自天籟的聲音」詩文集一首詩「三月三・永樂宮」。

這壺好茶

這壺好茶，怎麼塵封了半個世紀
如今，以因緣俱足泡開
灑脫的笑聲了結一段歷史
未來如這壺好茶，清秀　芳香

這是甚麼好茶？一啜飲開通了千里時空
家常的話隨茶水夯到天南地北
一種天香釀釀著掏出的心
如同清透的茶湯

這壺神奇的好茶　撫慰鄉愁
就連智民兄贈的「中國古幣」
也被徹底滌亮
閃著頻頻光澤　芮城好光景

小記：芮城行的第三天，十月三十一日上午在芮城市府的交流會議後，下午三點，一行人到西建公司智民兄的辦公室泡茶閒聊。到五點多我們去逛芮城大街，臨行時，智民兄贈我等三人每人「中國古幣」一套。

芮城逛大街

下午，幾隻悠閒的鴿子
逛芮城大街
任由一顆心隨意飄散
飄成心花朵朵開
街上熙來攘往的
朵朵花兒熙笑

迎面而來的
呂洞賓、人民花園
縣政府十六層大樓

鄉親父老
街角打牌下棋的長者
我們容顏共一色
同一個媽媽

不需翻譯　我抓得住他
他了解我　微笑中
陌生的臉孔瞬間熟稔

過中條山

從小我看到妳，妳沒看我
冷冷的
經過很多年
我周遊列邦異地
背包裝滿半世紀疑惑和風霜
因緣際會經過往昔夢境裡的中條山
久遠的呼聲，越來越近
走近一看，你正大興土木

山上空氣新鮮

我等小憩
想狩獵一方美景
可惜山色有些老
皺紋太彎又太深
人們只好積極造林
開挖中條山隧道
過些時日再看
你是一座鬱鬱蒼蒼的不老青山

關公常平村故里

我不是來仰望神的
拜訪一位祖祖祖輩
老家真是很老了
但您的春秋大義千載如新
永恆不老

就是這麼神
故里閃耀著光輝
春秋大義式微的小島
每年還是有無數子民
走訪您的故里
再闡揚春秋精神

關聖帝君迷 珍藏青龍偃月刀

【本報竹東訊】「我們家不是爺爺最大，是關老爺最大！」新竹縣張政弘一家人虔誠信仰關聖帝君，每年全家人總是一起赴大陸祖廟參拜，五年前迎回「青龍偃月刀」，日前又迎回一把劍，關聖帝君的聖物是張家珍貴的傳家寶。張政弘說，他樂意開放信徒參拜，讓關聖帝君賜福大眾。

長期信仰關聖帝君的六十八歲張政弘說，幾年前他被檢查出肺部有黑點，疑似肺癌，幾個月後，黑點竟奇蹟似地消失，去年他開頸椎手術，也感覺到關老爺冥冥之中庇佑他，讓他安然度過難關。「每年關聖帝君在祖廟的大典，他都偕家人赴大陸參加，近二十年來幾乎不曾缺席，他三步一跪進祖廟表示虔誠。

「這把大刀經歷好多波折才迎回來的！」張政弘說，六年前赴大陸山西運城關帝祖廟，廟方賜予他這把重達九十五公斤的銅製大刀，是仿關聖帝君身上所佩帶的刀所打造。大刀在機場曾被海關扣留，之後又遭遇沒有航空公司願意運送等困境，總算在五年前克服種種困難，將「青龍偃月刀」迎回台灣。

他孫子總是說，「家裡不是爺爺最大，是關老爺最大！」。

張政宏（右）、張仁謙父子虔誠信仰關聖帝君，五年前從大陸的祖廟迎回「青龍偃月刀」（最右），日前又迎回一把劍。圖／王慧瑛

我們泡在鹽裡

菜都很鹹
風和陽光也有鹽味
有美式咖啡的話，也是鹹的
鹹，在這裡有最高共識
　沒有異議份子
鹹，在這裡完全統一的
　沒有分離主義

再鹹，把腸胃漬浸起來
不壞　不腐　不病　久放

只是打死賣鹽的
帶動鹽湖區稅收創新高
就業率　上漲
醫院人潮　也上漲

再鹹，血壓上升
友情上升　熱情上火
「大碗羊肉泡饃・靈與肉共享美好時光」（註）
那一把把超鹹的火
久久不滅

註：引洛夫「漂木」長詩。

常平村一老者

你的樣子看起來很老
你是關公的鄰居
或許你小時候和長生（註）
玩躲貓貓

你隱居於千載古林的角落
每日瞻仰關老爺風采
修成老僧入定
光陰潺潺流走
不聞水聲

你把生命流程放慢，再慢
坐堂前看小孫蹦跳
玉米在田裡　默默飄香

註：「長生」是關公的本字，常平村四周全是玉米田。

謁舜帝

漾漾空影中見大舜帝端坐陵前
細雨微微　聽到
呼吸聲
我心中存放千年的版圖
浮現　已然有些蒼老

海峽對面的遊子經生生轉世
因緣俱足
三人同行，且有芮城諸君
伴同晉謁

那種感覺，已然不老，像是新生

我們躑躅　仔細聽聞祢的故事
所有的傳説
印入靈魂與肉體
早已成為一種經典
成為一條路的基因……和所愛

暮色籠罩一個世界
但祢的光輝
必照亮指引著華夏文明文化的發展
永恆的
耀眼閃爍
我們
生生世世都想來謁陵（您）

蘇三監獄・感懷

歷史從來都是半醒半睡
這世界總是半黑半白
我不存太多期望
阿扁公然洗錢幾億判無罪
嫖妓説謊的高票當選民代
這是現代民主台灣

而妳，沈冤得洗
老天有眼啊

大街升起一層薄霧
初冬稍有寒意
人潮與熱情
形塑成一顆顆太陽
把共和國攤在陽光下
爆曬

大槐樹的心事

大槐樹　大槐樹　綻放
母親般的慈容
全球的中國人都到跟前
尋根
我們還看到青春的新葉
就像妳年青時
霞衣競搖曳
從吸啜豐乳的第一滴水聲
我們追索，生命的源頭

尋找母親，或解讀母親的心事
一群來自台灣寶島的子民
以真誠之愛
循血緣脈絡
找到大槐樹根
我們定會讀懂妳的心事

現在滿園槐樹　翠綠青絲
定是母親傳承下來
先祖的圖騰
世代子孫都不能忘

舜耕歷山

已絕萬丈紅塵
我們一路在黃土高原顛簸前行
群山茫茫以無言致詞
黃河以澎湃頌歌表示最高歡迎
萬里空雲喚我等身心靈
以一顆虔誠的心
到您的歷山田裡汲取
足以讓我們永生的活水土壤

滿山玉米

風與葉熱烈的討論今年豐收
陽光張開溫暖的臂膀
而我們，幾世才來一回
以相機納歷山
鏡頭瞬間汲取古今速成一片風景
回去好製成連續劇
一集一集播出　以您的孝行
轉變廿一世紀將要崩潰的倫理價值觀

風陵渡，初冬

有人看地理
　看天文
我看歷史

站在這裡，看
千百年歷史流過，一幕幕
黃帝、蚩尤、女媧、風后……
兵荒馬亂、太平盛世
風和水都見證著

歷史，渡無盡頭
泊於河岸
是代代浪濤
誰能逐浪渡過萬載春秋
只有一條龍
和許多龍的傳人

這初冬的涼意拂掠黃帝的面
攤開千年風景
有人渡來渡去
我渡不渡　不渡已渡
此岸彼岸都是故鄉

離情還是依依
我是來取經尋寶的

那能空手回
一口氣把那一汪浩浩大河
以及風后送來的　風
統統打包裝箱
帶回台灣

過黃土高原

看這情景與秦時明月
漢時邊關　何異
雄風自大唐吹來
驛道上馬蹄揚起的風沙
尚未沈落
都被我一一望見

再望
青冥蒼蒼　四野茫茫
覬覦中原的狼群那裡去了

轉變的是一方方
崛起、繁榮
無垠青綠的果園農莊

永恆不變的是黃土基因
不變的基因代代傳承
一種自遠古呼喚的聲音
驀然有影像示現
在洞窯口外烤火

西侯度的老祖們

一百八十幾萬歲了
肉身壞
骨幹還是撐起藍天
靈永在，你們是我們心中的
萬歲、萬歲、萬萬歲

你們必是和盤古一同開天闢地的兄弟
與三皇也算老友
你們是人類中第一批玩火族群
曾以火攻恐龍猛獸

一把火燒出了華夏文明

那時你們是怎麼過日子的
山澗水湄升起熊熊營火
吃人的野獸就在四周吼嘯
管他是不是中秋節
天天烤肉

那時也沒有新聞報導
但你們的事功永遠不會變舊
那時筆尚未發明，電腦鐵定沒見過
但你們的傳記、回憶錄
華夏子民乃至西方學者都在讀
在廿一世紀復活、崛起的
古西侯度人　與中國人

悠遊朱陽村

老家與新家的距離
如夢的薄
今天，高飛的鳥兒
回來找老巢，草掩巢
老樹比天高

朱陽村寧靜如昔
村人如昔的熱情
新鮮的蘋果堆滿路旁
以及祖靈

在朱陽村劉家古宅

牽引著成家立業的子孫

想念老家的念頭

日漸蒼老

蘋果年年豐收

春天也總會按時綻開笑靨

日子也不會老

朱陽村會永恆守著陽光和月色

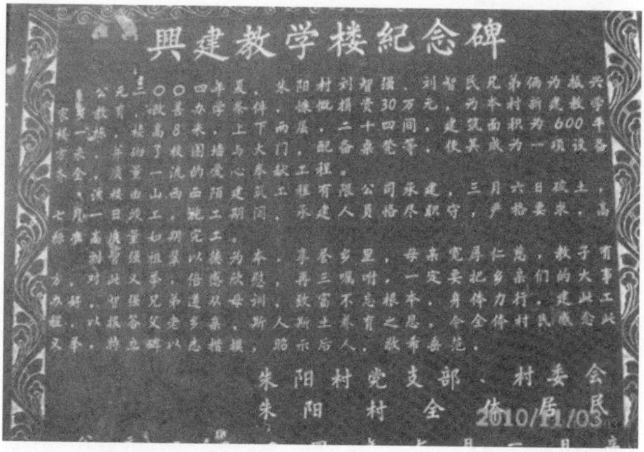

醉臥芮城

還沒開席呢
那熱情就叫人醉了
於是外面的天氣醉的有些細雨寒意
我等以爽快寫歷史
淋漓譜詩篇　高歌
「古來聖賢皆寂寞　唯有飲者留其名」
一舉驅走寒意
一百八十年流浪和思念
一飲而盡

芮城文友們

想想我等　半生戎馬
未曾醉臥沙場
今夜，我們醉臥芮城

月亮，怎掛在天花板上
我把自己泊於舒適的大床
夜半，有鶯燕以悅耳的歌聲誘人
「先先，需要特別服務嗎？」
色即是空，空即是色，我說
醉在身體　醒在心裡

過少林寺

練功的武僧都在拼經濟
難怪不接受泰國五大高手挑戰（註）
滿街人聲、叫賣聲　販賣著
經律論以及九陽真經
而少林十八銅人正在各國劇院演出
跳現代舞

誦經歌吟配合市場經濟的行銷策略
流轉逶迤　測試市場風向
企圖以最低價格

誘引眾生
只要買一件
功德無量

驀然瞧見一位兩眼如銅幣的僧人
經營一個個體户
幫人算命　到處化緣
白花花的銀子一把把入袋
大師常說行住坐臥衣食無非都是禪
誰說賺錢拼經濟不能見證菩提

註：二〇〇九年泰國五大武術高手曾要挑戰少林寺，但住持釋永信認為練武為強身，未接受挑戰。後峨眉派掌門汪鍵表示，以峨眉武功足以接下戰書。結果如何？因筆者未持續關心，未可知也！

西安，驚鴻，夜

未見兵馬
只見人潮
人潮澎湃
如萬乘兵馬
夜的聲音
蹄大蹄大……
兵馬夜行車
由遠而近

小記：那夜，我和信義兄睡在西安車站旁的旅店內。晚餐後逛街，很晚了回旅店休息，躺床上聞外面街上仍有人潮，那聲音……

佇立秦帝陵前

陵前
仰望
你大一統之國度
又將崛起

八方風雨
兵馬成潮
自西安　騰空　凝聚
成一顆東方紅太陽

兵馬，絕非俑

萬千眾生都說來看兵馬俑
獨我未見俑
秦皇兵馬
絕非俑
驪駒潛行驪山千載
以潛龍之姿
引萬乘戰車
騰雲駕霧似蕭風颼起
驚詫二十世紀直穿透廿一世紀
八方風雨

都來看神駒雄風就要跨出國境
壯盛兵馬已然崛起

兵馬曾借光秦時明月
夜行車　晝殲敵
吞六國
一統天下　中國
而後，在漢關古道追風
長駿飄過千載萬里
經三國隋唐五代宋元……明清
兵馬神靈永恆不死
也誓不成俑
只選擇在動亂分裂的年代
用浪潮般的鐵蹄實力
再一次完成統一

神州代代英雄豪傑起
個個都想爭下整座天空
為天之子
終究有驃騎兵馬
恆以其天職天命為天志
歷史絕不成灰
兵馬怎會成俑？？
將重組一支能在新世紀縱橫五洲三界
多度空間作戰兵馬
氣吞萬國
悍衛國家統一
兵馬，絕非俑

西安・黃昏・陰陽界

陰陽兩界籠罩的暮色
越來越有人味
陽界眾生趕赴西安
為一睹在陰界潛修千年
且靈神通天的
秦皇兵馬陣

我們隨四方生靈慕名而來
發現這塊神州寶地
正打開陰陽兩界通道

陰界兵馬大陣持續展演他們的雄壯威武
陽界子民正在啓蒙、開封、頓悟
各界眾生都趕來看熱鬧

不論多麼輝煌的太陽
也有落日黃昏
不論日夜陰陽都是暫時過客
我會用我的前世、今生和來世
愛這塊寶地

我們正在穿越生命之河

她住在我心中對我說
芮城鄉親正以炎黃靈軀架構
一座精神長橋
讓中華文化在橋上飄香
香溢四方

她住在我們心中說
芮城鄉親用心墾拓一座大花園
面積廣達海的兩岸
他們個個是可愛的園丁

園長余妙珍也勤於灌溉施肥

她對大家說
她的聲音穿越千載時空之河
不管修橋補路的
不論開拓花園的
我們都是這赤縣神州大地的園丁

她語帶憐憫慈悲對大家說
早年曾經田園荒廢　陷於貧困
不得已把孩子讓給別人
設法讓他們回來墾植母親的田園
以母親河的水孕育子孫
我們在母親的田園裡取種

帶中華文化的種子去飛翔
去穿越生命之河
在藍海與巨鯨同游四海
在藍空同巨鳥翱翔萬里

依依不捨中道不完的情話
再度踏上旅程
我們看見母親恢復端莊秀麗
在她崛起，重出大舞台的過程中
我們沒有缺席、沒有失職
這趟穿越生命大河之旅
值得、值得

天有情·天不老

——走過李賀的路

元和年間這條路上冷冽的寒風
斷斷續續的吹到一九四九年吧
當我來回兩次考察，驚覺
大地年青有朝氣　蒼穹雖老又新生
天有情，天不老

這些年來我重新把量赤縣大地的脈博心跳
重新解讀神州山河的思想意識

再度研析秦皇漢武　孔孟李杜
他們怎樣復活　如何轉世成為你我
盡在這條路上看得清清楚楚

芮城行，我看到的
天有情，天不老

感懷小記：

這回我與信義兄第一天西安到芮城，第八天鄭州到西安，兩次走這條路徑，用了不同的交通工具，給我更深刻的考察。這條路正是一千多年前，大唐詩人李賀（七九〇—八一六年），從長安赴洛陽走過的路，當時大唐已江河日下，他一路所見只有衰敗的景像，感懷作「金銅仙人辭漢歌」：

茂陵劉郎秋風客，夜聞馬嘶曉無跡。畫欄桂樹懸秋香，三十六宮土花碧。魏官牽車指千里，東關酸風射眸子。空將漢月出宮門，憶君清淚如鉛水。衰蘭送客咸陽道，天若有情天亦老。攜盤獨出月荒涼，渭城已遠波聲小。

這首詩寫的背景是唐元和八年（八一三），李賀由長安去洛陽的途中（可能芮城？），他以歷史故事，發揮想像力。傳說金銅仙人是漢武帝求長生不老術而設，仙人掌心向上，手中擎著承接露水的托盤，以便漢武帝飲用。魏明帝時，金銅仙人被拆離漢宮，再運到洛陽，據聞拆離時，金銅仙人因感亡國之慟，潸然淚下。當然，金屬製品不會流淚，流的是李賀的淚，他一路從長安——芮城——洛陽，所見盡是衰敗、蒼老，想必一九四九年這條路上亦如是吧！（註：李賀從長安到洛陽，必經芮城，才是近路，他應該不會繞遠路！）

我走過李賀走過的路，所見已非「天若有情天亦老」。我所見，到處在大興土木，進行大建設，不分階層男女都在拼經濟。因此，我借用李賀的詩句，改「天有情•天不老」為詩題，彰顯繁榮、崛起之意象與感受。

給芮城藝文界朋友們

劉焦智以「鳳梅人」在兩岸
搭建起文化長橋
我們才有機會沿橋而來
才有機會沐芮城之春風
謁見歷代老祖

在兩岸另一塊寒冰未化之際
我們先以文化為火種
用熱情溶解那塊
凍結半世紀的巨大冰山

最冷的寒冬已經過去
冰山遲早要溶化

芮城的朋友們
讓我們大家持續維護這座橋
當前兩岸同胞最該進行的大工程
就是修橋補路
使兩岸互通、不分彼此
自然會緊緊的連結為一

以吳信義、吳元俊、陳福成三人之名作

第四篇　再說，芮城兩岸道德文化交流會說了甚麼？

第一章　吉自峰先生：中國・芮城海峽兩岸道德文化交流會報告辭

對台辦主任吉自峰先生主持詞

今天，我作爲劉焦智先生的朋友，來參加由芮城縣鳳梅五金店、山西西建集團公司舉辦的「中國芮城海峽兩岸道德文化交流會」，心情和大家一樣，感到十分高興。

參加今天會議的有來自寶島台灣的尊貴客人陳福成先生、吳信義先生、吳元俊先生，他們在芮城將進行數天的參觀、考察和交流，讓我們對他們一行的到來表示熱烈的歡迎！

參加今天會議的還有尊敬的縣委常委、宣傳部長餘妙珍部長，芮城縣老齡人才開發協會會長張亦農會長，縣委統戰部常務副部長陳衍會先生，芮城縣鳳梅五金店總經理劉焦智先生，山西西建集團董事長劉智強先生、總經理劉智民先生，以及劉焦智、劉智強的同事和朋友共計八十餘人。（按：余妙珍部長，在「鳳」報用「餘」，可能是通用。）

劉焦智先生是一位土生土長的芮城人，六十年的生活歲月，讓他記憶最深的是吃過的苦，受過的累，艱苦的工作學習和生活，磨練了他的意志，造就了他本人堅強不屈的性格特徵。特別在他創辦鳳梅五金店之後，在市場經濟大潮中摸爬滾打，憑著自己堂堂正正做人的品性，優質服務芮城及周邊百姓，做到方便顧客，用戶至上，贏得了信譽，取得了一定的經濟效益。有了錢，幹什麼？——隨店而生的《鳳梅人》報紙便成了劉先生的寵兒，他用辛辛苦苦從生意中賺來的錢，開始寫、編、印、發（寄），從一開始的小紙一張，發展到了現在像模像樣的大報紙，其中包含了他的心血和汗水，凝聚了他的思想和智慧。他弘揚正氣，鞭韃邪惡，陳述歷史，傳播文化，無私奉獻。他不僅把報紙免費贈送各界同仁，還把更多的報紙寄到寶島台灣、東南亞及歐美多國，廣交了朋友，交流了思想，傳承了文化，進而把更多的台灣文友的美好文章，在《鳳梅人》報上予以刊登、大力宣傳，更緊密地加深了他們之間的感情。像文曉村先生、秦岳先生等，都成了他的至上友人。

今天，陳福成先生、吳信義先生、吳元俊先生從寶島台

灣來到我們芮城，與劉焦智先生首次見面，圓了他們在書信往來數年裡相互思念的夢，這是他們人生中的一大幸事。特別是陳先生所著的《山西芮城劉焦智鳳梅人報研究——論文化文學藝術交流》一書，對劉焦智先生來說，更是一生中的一件無價之寶，可喜可賀。在這激動人心的時刻，我要永遠祝福你們的友誼天長地久，與日月同輝！同時對陳先生爲弘揚中華文化、爲祖國統一而輸出的辛勤勞動表示衷心的感謝！

陳先生所著之書共三篇及附件二十章，給予劉焦智先生的《鳳梅人》報紙和他的人格及精神以極高的評價，同時把芮城縣舉辦首屆永樂宮國際書畫藝術節，以及芮城縣情作了詳細的敘述，也是一個很好的宣揚。最後一章是《中國統一的時機快到了》，表達了兩岸同胞盼望統一的急切心情和堅定決心。這些生動的話語，都讓我們感動、贊同和欽佩。

共同的文化，相同的志趣，讓大家相聚在一起，進行道德文化的交流，進行心靈與心靈的溝通。今天會議有六項議程：

第一項議程：由縣老齡人才開發協會會長張亦農先生介紹本次交流會籌備情況；

第二項議程：由中共芮城縣委常委、宣傳部長餘妙珍部長致辭；

第三項議程：由台灣來賓講話；

1. 由台大主任教官吳信義先生講話；

2.由台大主任教官吳元俊先生講話；

3.由台灣空大兼任講師陳福成先生講話，並演講《中國統一的時機快到了》

第四項議程：由省人大代表、西建集團董事長劉智強先生介紹《企業發展離不開孝道文化》

第五項議程：由張西燕女士朗讀劉焦智先生的長篇詩作《道德立體交叉橋》

第六項議程：海峽兩岸友好人士進行書畫交流。

與會各位領導、嘉賓、同志們：

兩岸同胞同文同種、同根同緣，是血脈相連的命運共同體，國家的主權和領土完整不容分割。任何形式的台獨都是逆歷史潮流而動、不得人心的，因而他是註定要失敗的。目前兩岸大交流、大合作、大發展的形勢已勢不可擋，和平發展兩岸關係已成爲兩岸同胞的共識，特別是中華文化作爲聯系兩岸同胞關係的精神紐帶，更是具有生生不息的生命力，讓我們共同維護和發展這一光榮而偉大的事業。期望陳先生、兩位吳先生以及劉焦智先生等人繼續加強聯系，加深交流，再創新的篇章。

最後祝陳先生、兩位吳先生，在芮城多走走、多看看，多提寶貴意見，天天快樂。我們將竭誠提供服務，提供幫助，提供方便。

第二章　張亦農先生簡介籌備情況暨致歡迎詞

陳福成先生、吳信義先生、吳元俊先生一行光臨芮城，參加今天的會議，發表精彩演講，我們十分高興。

今天這個交流會，登大雅之堂，聽經典演講，高朋滿座、群賢畢至。一定有難忘的記憶，豐厚的收獲。

陳先生、兩位吳先生都是大家。陳先生經歷了野戰部隊各職，台灣大學主任教官，志工、復興電台主講、國安會助理研究員、《華夏春秋》雜誌社社長、主編；著述數十種，現職十數位；真正是閱歷豐富、才華橫溢、浩然正氣、著述等身。他們三位都是我們芮城人的朋友。

陳先生有許多大作巨著未及拜讀，僅讀《山西芮城劉焦智〈鳳梅人〉報研究——論文化文學藝術交流》一書可以知道，這裏記錄著炎黃子孫的期望，兩岸同胞一顆共同的心聲。既爲劉焦智先生立傳，又是兩岸文化交流的一部經典論著。確實是「以更高的境界為春秋大義之彰顯，為中華文化之復興，為吾國崛起之前夕，與兩岸文化人共成我們心中的春秋大業。」中華文化是中華民族的靈魂，是兩岸中國人一致的血脈，是中國統一的根基。陳先生致力傳承弘揚中華文化，用文化與文學交流凝聚兩岸同胞的心，以加速統一，使統一水到渠成，在吾國崛起、統一之前夕，不缺席、當先驅，我們是十分敬佩的。

陳先生對劉焦智先生的辦報宗旨、精神、思想、作用及風格，在兩岸文化交流中的「平臺」、「助力」等，作了極高的評價和論述。我也讀《鳳》報，但認識與評價卻沒有陳先生的睿智與深邃。劉焦智，一個普通的芮城人，一個普通的經營者，一個並沒有文憑的知識人，自編、自印、自己發行、自費經營，十多年如一日，小人物做大事，普通人做非常事，私家報承載大平臺，這是一種文化的力量，這是中華民族的精神，這是傳統文化生命力的體現，這是滲透到劉焦智的血脈中，熔鑄到劉焦智靈魂裡的一種信念、信心和執著。劉焦智是芮城一方水土養育的一個人才，是中華傳統文化的有力傳播者。

劉焦智的春秋大業，更有秦岳先生、文曉村先生、陳先生以及今天隨陳先生一道來的朋友們等等一批在台灣的中國人的支持。《鳳》報上占有重要的位置、重磅力量的文章、詩詞、照片、書畫，成了《鳳》報的精彩之筆，經典之作，成了《鳳》報思想導引、理論導向、文章導讀的生華之版面。我想再引用陳先生研究《鳳》報裡的原話：

「偏偏有那些分裂國家民族的邪魔歪道，搞什麼『去中國化』。如此這般惡搞，那文王、武王，孔明……乃至李白、杜甫……蘇東坡……豈不都成了『外國人』。有志氣、有血性的中國人，必定會樹起春秋大義旗幟，積極反制台獨思想，宣揚中華文化，經由文化交流促成國家統一。」

還有很多很多段落和文字，應準確地說是通篇全文，字字珠璣，句句膾炙人口，體現著智慧、情感、哲理和心聲。可以看到陳先生橫刀立馬，浩然正氣，聽到陳先生萬鈞雷鳴、震天斷喝，真正感到中華文化的臍帶，猶如滾滾東去的黃河長江，是切不斷、擋不住的！陳先生旺盛的愛國心，堅定的實踐力，光焰的正義感，傳統的文化魂得以痛快淋漓的體現。

由於書信交往、文化結緣，陳先生一行沒有到過芮城，但對芮城有著深刻的了解和不一樣的情結。對芮城書畫藝術節、芮城生態文明縣建設，芮城的經濟社會發展以及芮城豐厚的歷史文化有著充分的技術和廣泛的宣傳。正因爲如此，才促成了這次的交流和論壇。

這次交流會，縣領導餘妙珍女士，部門領導吉自峰先生、陳衍會部長、楊增選先生非常重視，親自組織參加，餘部長還將發表熱情講話，不僅提高了會議的格次，同時保證了會議的圓滿。今天還有各位朋友聞訊前來零聽陳先生等的演講，更是提升了會議的人氣。

鳳梅五金店、西建集團主辦了這次交流會。西建集團是一個民營集團公司，他們依靠人格的力量、道德的底蘊、智慧的運作、非凡的魄力、艱苦的奮鬥、跨越的步伐，求得不斷創新和發展，成為建築業的最強者，可貴的是，他門弟兄們，都把中國傳統文化、中華道德作為企業的精髓和經營的理念，仁、智、禮、義、信這種傳統的精華，樹立了企業的形象，賦予企業新鮮的生命力和競爭力，使企業一步一步發展，在市場經濟中無往而不勝。這在芮城縣，在山西省都是獨樹一幟的。劉智強先生是中華文化的踐行者，是中華民族的優秀人物，是芮城人民的驕傲。這次會議，他將發表精彩的主題演講。請陳先生、吳信義先生、吳元俊先生和焦智、智強、智民先生，除了會議交流之外，更進一步交往、交流，對他們傳承、創新中華傳統文化的道德典範，有進一步的了解和進一步的傳播。

正如陳先生在《鳳》報研究第一章裡講的，芮城是華夏文明發祥地。希望陳先生一行多住幾天，多看一些地方。聽聽芮城人講西侯聖火、舜耕歷山、大禹治水、呂祖傳道、子夏書院、文侯治國、虞芮讓田等歷史故事。感受中華文化發祥地的風土人情。另外看看今日芮城：山河含韻、風水兩陽；工業聚萃、經濟舒張；綠色崛起、財政龍驤；文化星燦、旅遊開放；城鄉巨變、交通順暢；和諧盛世、物阜民康。這方面我們提供了兩份資料，一是華夏文明與芮城；一是芮城概況。請陳先生一行能收閱。

芮城確實是好地方，今日芮城更美好。衷心希望陳先生一行想在自己家一樣，走親戚一樣在芮城愉快、舒心，並在今後更多走動，更多宣傳芮城，聯絡更多的人來芮城旅遊、交流或者發展事業。

祝今天的會議圓滿成功。

謝謝大家

第三章　中共芮城縣委常委、宣傳部長余妙珍女士致辭

尊敬的陳福成先生、吳信義先生、吳元俊先生、各位來賓、同志們：

大家好！

十月的芮城，秋高氣爽，碩果飄香；十月的芮城，山川秀美，紫氣呈祥。在這充滿豐收喜悅的大好時節，我們在這裡舉行中國海峽兩岸道德文化交流會。在此，我謹代表中共芮城縣委、芮城縣人民政府，對各位嘉賓的到來表示熱烈的歡迎！對交流會的召開表示熱烈的祝賀！

芮城地處晉、秦、豫三省交界的黃河金三角，北依中條山，南臨黃河，素有「雞鳴一聲聽三省」的美譽。這裡歷史悠久，文化燦爛。殷商時期「芮國」；西周時稱「魏國」；史稱「古魏」。北周明帝二年（公元558年）設芮城縣，距今已有一四五二年的歷史。這裡是華夏文明的重要發祥地之一，一百八十萬年前，華夏先祖西侯度人在這裡勞動生息，

用火熟食，點燃了人類文明的第一把聖火；六十萬年以前，匼河先民在這裡刀耕火種，薪火相傳，創造了舊石器時代的黃河文明；第一部詩歌總集《詩經・魏風》中，「坎坎伐檀」的華美詩篇古今傳唱，千年不絕。虞芮讓田、女媧補天、風後補陣、舜耕歷山、大禹治水等衆多承載人文歷史的傳說故事都發生在這裏。

芮城是一塊福地。**「芮」字象形之意，就是大河彎曲之處，水草茂盛之地；而「芮」字的發音，又是祥「瑞」之意，——坐實了這塊不大的地方，自古以來，就是山河兩陽的風水寶地。**

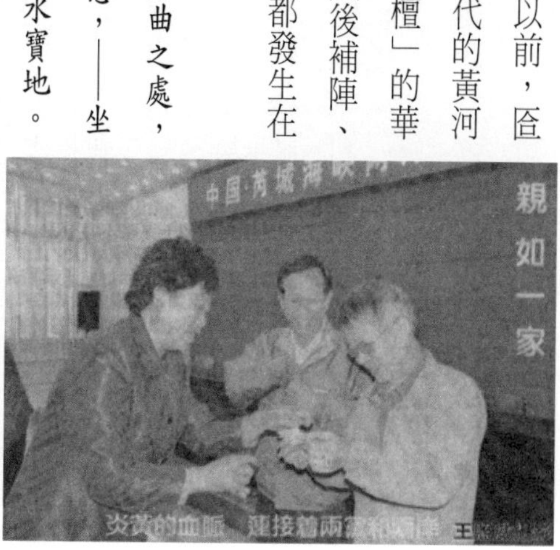

滾滾黃河從巴顏克拉山一路走來，在這裡拐了最後一個彎，掉頭東去！盡顯母親河寬厚溫柔的仁愛天性，她用包容和慈愛積澱了淳樸的民風，孕育了濃鬱的黃河風情。聖天湖、大禹渡、鳳凰咀、百梯山等景觀各異的風景區是鑲嵌在黃河岸畔的璀璨明珠！這裡更是一方仙境，是新道教始祖、八仙之一呂洞賓的誕生地、成道地和道教祖庭、祖山所在地，被稱爲「仙鄉祖根」。爲紀念呂洞賓而修建的永樂宮，原名大純陽萬壽宮，是我國現存最早、最大和保存最完整的道教宮觀，與北京白雲觀、陝西重陽宮，並稱爲全真教三大祖庭，其規模宏大的宮庭建築和精美絕倫的壁畫藝術，在世界建築和壁畫藝術領域占有突出地位，享有東方藝術畫廊之美譽。

芮城縣久遠厚重的歷史，孕育和創造出了豐富多彩的道德文化。歷史上，舜耕歷山，舜成爲二十四孝之首，形成了孝文化；虞芮讓田的禮儀風範，代代相傳，生生不息，奠定了亙河文化，即現代和諧文化建設的根基；呂洞賓一生樂善好施，扶危濟困，深得百姓敬仰，成爲著名道教仙人，傳播了道教文化。近年來，仁、智、禮、義、信在芮城得到了普遍的尊崇，我們圍繞「愛國守法，明禮誠信，團結友愛，勤儉自強，敬業奉獻」，公民道德二十字綱要和「八榮八恥」深入開展道德教育活動。我縣涌現出了全國道德模範常存燈、全縣孝星劉智強等先進典型人物。焦智、智強、智民三弟兄孝親敬老，全縣人民有目共睹。特別是劉焦智先生，自己辦報堅持數年、無私奉獻、弘揚正氣、傳承文化，加大海內外文化交流力度，使《鳳梅人》報和《華夏春秋》雜誌實行了成功的對接，——正是中華道德文化的這種凝聚力，才有了今天這個交流會的勝利召開。真正是難能可貴、令人敬佩。重陽節期間，山西西建集團舉辦的「孝文化」活動，深得人心，影響頗深。他們都默默無聞地傳承、踐行、發展著中華民族的傳統美德，弘揚著這種燦爛的文化，爲我們作出了榜樣。

一位哲人說過，世界上有兩樣東西最能震撼人們的心靈——內心崇高的道德，頭頂上燦爛的星空。海峽兩岸同胞擁有共同的中華文化，這是我們寶貴的精神財富，也是加強交流合作，推進祖國統一的強大動力，讓我們齊心協力把這件事情做好，為推進中華民族偉大復興作出積極的貢獻。

最後，祝陳福成先生、吳信義先生、吳元俊先生在芮城度過一段美好的時光！祝幾位先生和各位來賓身體健康、萬事如意！祝中國・芮城海峽兩岸道德交流會取得圓滿成功！

謝謝大家！

第四章　陳福成：中國統一的時機快到了

本社甫一創刊，就提出「中國統一的時機快到了」之觀點，若無足以服眾的理論基礎，豈不淪爲空話，就像一個躲在金字塔中幻想。

對中外歷史發展有研究的人，都知道國家整合、統一及強權興衰，最關鍵起決定性的因素就是「力」（power）。這個力指的是國家有形力和無形力的總和，其內涵包括國家的國防、軍事、政治、經濟、文化、民心及精神力等，尚可細分成幾十項目，一般通稱「總體國力」。台灣地緣正位於中國和美日之間，必然受到這些強權的影響。（註：中國在歷史上大多能維持「亞洲盟主」的地位，日本在二戰期前曾是強權，美國仍是今天世界超強）而目前決定台灣前途，只有兩股決定性力量：美國和中國。

一、強權爭霸與台灣的命運

爲甚麼說決定台灣前途的，只有兩股決定性力量：美國和中國。言下之意，不包括台灣，許多「不承認自己是中國人的台灣人」一定氣炸了，「咱台灣已經出頭天，當然力量卡大天」。我先從歷史來解釋這個問題。

從鄭成功收回台灣後，台灣與中國在這三百多年間，有過的離合，固然有很複雜的政治或其他因素，卻依然逃不出「兩股力量的對決」而已。其一是中國興衰，二是侵略者的力量（主要是美、日）。當滿清政局穩定，國力壯大，而相對的鄭氏東寧王國國力式微，台灣便回歸中國（注意！即被統一，不論當時台民是否願意！）

滿清收回台灣亦積極經營台灣，至一八八五年建台灣省，此後台灣成爲中國的一個省份。滿清中葉以後國力又衰弱，甲午一戰論證當時日本國力大於中國，台灣只好又脫離中國，成爲侵略者的殖民地（注意！不論台民是否願意，台灣都必須割讓日本）。

二戰後中國成爲戰勝國，重新論證中國國力大於日本國力（註：當時中國物質戰力極低弱，但精神戰力極高盛，二者之和大過日本很多）。台灣又重回中國（注意！不論台民是否願意，台灣都必須回歸中國）。

從一九四九年至今，中國尚未統一台灣（或稱台灣回歸中國）；決定性因素只是此其間，美國國力仍大於中國，故美國仍能掌控台灣，使台灣成爲美國的國防前線。從以上台灣三百餘年歷史看，台灣人從來沒有決定性力量，以決定自己的方向，或決定去留。

因爲在強權之間，台灣的力量太微不足道，小到可以「省略」。這是台灣的宿命，幾可用下面的公式表達：

中國總體國力＞入侵者總體國力，台灣與中國「合」。

中國總體國力＜入侵者總體國力，台灣與中國「離」。

再以公式印證中外歷史，雖放諸四海皆準，但從中國近幾百年來與西方帝國主義的鬥爭，所牽動對台灣、朝鮮、安南等地區造成的變局，亦不脫上述公式之原則。惟「沒有永遠的強權」，決定台灣前途的兩股力量目前正在轉移，即美帝的衰落和中國的興起，這個轉移過程（結果）創造成中國統一的契機。

二、美國帝國主義的衰落

美國帝國主義（簡稱「美帝」），可能有不少人認爲這樣稱美國，是一種情緒性的醜化或偏見。哈佛大學的約翰甘迺迪政府學院人權實務教授、「卡爾人權政策中心」（Carr Center of Human Rights Policy）主任、Michad lanatieff 博士，在「美國帝國勢力的挑戰」（The Challenges of American lmperial Power）一文之研究，帝國不盡然需要殖民地，亦不須要藉由政府或侵略手段建立，美國之所以成爲帝國在於其掌控世界秩序。美國掌控世界秩序的手段主要籍軍事力量、外交資源與經濟資產，目的在確保美國的國家利益。所以，擁有帝國地位的美國人，堅稱自己國家不是帝國，美國就是這樣一個不是帝國的帝國（註一）。

但是，強大的美帝已顯現出衰落的徵候，在軍事、政治、經濟及文化上，都開始感受到古羅馬滅亡前的恐懼和威脅，尤其「九一一恐怖攻擊事件」以來，美國本土已經陷於內戰交火的狀態。反恐真是越反越恐，反應在軍力上是其國防部正在擬撰的「四年一度國防檢討報告」，從「同時打兩場主要戰爭」，調整成「打一場傳統戰爭」。顯現美國戰力正在衰退，現有的戰力開始處於「疲於奔命」狀態。

軍力的衰退，源於支撐霸權最關鍵的基石——經濟力的減弱。二〇〇四年美國的全年貿易逆差創了歷史新高，達六千一百億美元，巨大的赤字持續惡化，過去五年國防支出一兆九千四百億美元，仍不能得到安全。正如《美國商業周刊》所描繪的美國的進出口產品結構越來越像第三世界國家，而美國最大的貿易入超國（中國大陸）則越來越像一個發達的國家。「中國製造」的產品，如潮水般涌入美國，結果將使美國產業空洞化。經濟力持續衰退，深層的意涵是整個帝國根基正日益鬆動，且無可挽回。

正當美帝根基日益鬆動，全球絕大多數國家都認爲美國的反恐，只會讓世界變得更危險。而更離奇的，全世界絕大多數國家已開始已認定美國的「侵略性」，在一項全球普遍的調查中，各主要國家喜歡中國大陸的程度已遠遠領先美國。其差異數，在巴班斯坦是七九對二三，印尼是七三對三八，英國六五對五五，俄國六〇對五二，法國五八對四三，西班牙五七對四一，荷蘭五六對四五，德國四六對四一（註二）。美國不僅國力在衰退，全世界對美國人的厭惡感也越高漲。

英美反恐的本質，在維護其霸權利益，同時利用民主和人權爲工具，企圖使「全球基督化」，尤其要使伊斯蘭世界產生「質變」（美其名曰「民主化」），必叫伊斯蘭全面臣服與受控。爲達此目標，美帝使出武力戰、政治戰、經濟，乃至壓迫性的恐怖統治，全球監控與刑求逼供的手段。美帝反恐，目前處於「掙扎」狀態，如同古羅馬帝國，走上衰落之路，便難以回頭。

三、儒家中國的崛起與國家統一

相對於美帝的衰落，正是中國的崛起。中國自古便是世界大國，國家每隔「一定期間」有興衰之循環，本來是不足怪，這也是一種「自然法則」。中國經兩百年之衰，兩岸經數十年之穩定（未爆發大型戰爭），及大陸二十多年的改革開放，中國的總體國力快速復蘇，原來是自然之道。只是相對的衰落者（美帝）內心恐懼，深怕利益流失，乃創造出「中國威脅論」，到處恐嚇各國，說中國強大後會侵略他國。

美帝的心態是以「掠奪者之心度君子之腹」，又不懂東西方文化的本質，西方是一種「霸權文化」，中國是以儒家思想爲主流的「王道文化」。本文以下將說明，同是邁向強國之路，中國向世界「輸出」了甚麼？中國和美帝的「輸出品」有甚麼不同？

有關中國的崛起，其國防軍事力量現代化如何？經濟力量又如何？已是目前世界之顯，研究「中國學」已形成世界風潮，相關論文、著作或調查報告，真是汗牛充棟。故本文亦不趕熱鬧做這方面論述，只從文化上說明中國向世界「輸出」了甚麼？

中國爲配合全球掀起的漢語熱，大陸的「漢語水平考試」（**HSK-Hanyu Shuiping Kaoshi** 的羅馬拼音縮寫），除在大陸每年舉行兩次外，已經在全球三十三個國家，設有一百五十多個考場，考生超過五十萬人次，歐美許多大學、大企業、都普設「中文班」可見目前中文在世界各地受歡迎的程度。台積電張忠謀在一場國際招商會議的高峰論壇上，曾以「中文優勢論」詮釋之。

爲推廣中華文化，大陸正計劃在全球開辦一百所孔子學院。二〇〇四年十一月，中國一所海外孔子學院在韓國漢城（首爾）成立；二〇〇五年三月，在美國第一所孔子學院在馬裡蘭大學成立。更早在一九九三年的「全球倫理宣言」，已提到中國孔子「己所不欲，勿施於人」的精神，認為要解決全球各地的國家、種族、宗教及文化上的衝突，要回首兩千五百年，向孔子取經。

以上這些事實，說明中國邁向強國之路，是向全世界輸出一種「己所不欲，勿施於人」的儒家文化為內涵的民族國家，己所不欲，勿施於他國。完全不同於英美帝國主義，把美式民主，人權當成普世推展霸權文化的工具，日本因「脫亞入歐」，也受到西方帝國及資本主義毒害，實乃亞洲之不幸！

美帝的衰落，中國的崛起，形勢已定，大勢所趨，必水到渠成，正是所謂「形勢比人強」。在中國大陸已通過「反分裂法」，此舉在反制美帝的「台灣關係法」，並對台灣島內獨派準備一副「虎頭鍘」備用，如今台獨執政者只好公開宣布的「台獨是不可能的事」；而在野的藍營，則在連宋訪問大陸後，達成歷史性的政黨和解，並積極安排未來雙方的兩岸交流活動，

四、代結語──中國統一的時機快到了

中國統一是廿一世紀重大的政治工程，目前「工程進度」正隨著美帝衰落、中國崛

起、兩岸情勢、台灣島內統獨消漲等形勢，感受到統一時機快成熟了。光是這麼，許多人一定已經耐不住性子要問「到底甚麼時候會統一？」看專家怎麼說，在譚門（Ronald L. Tammen）等著「權力對移：廿一世紀的戰略」（Power Transitions..Stra-tegies for the 21 Century）一書這麼認爲，問題不是中國是否將成爲全球最強大的國家，而是要花多久的時間達到此一地位……。至少在廿十世紀結速前，甚至更長的時間，美國仍將持續維持世界領導的地位，但最終此一地位將轉讓給中國（註三）。

近年國內外諸多針對此一問題的學術研究，一般認爲在廿一世紀前美帝仍能維持領導地位，而到二〇五〇年左右，中國的總體國力才超越美帝，這並不是說中國到二〇五〇年才能完全國家統一。行家都知道，所謂「權力轉移」或世界領導地位的轉讓，是一個長期過程。在這過程中，中國由弱趨強，當強大到一定「程度」，「統一機制」便啓動了，其實北京的「反分裂法」就是啓動了統一機制。不論美帝或台灣，必受制於同一機制，兩岸不斷向統一之路前進，現在已經上路了。快則十幾年，慢則二十幾年，兩岸必完成統一，故本文說「中國統一的時間快到了」。

惟主客觀世界皆無常，國際情勢變化萬端，誰知道廿一世紀開始就爆出「九一一事件」。研究美帝目前情勢，與伊斯蘭世界的鬥爭必將加劇、惡化，「倫敦爆炸案只是新的開始」。中國面對此一情勢，應知古代「削魏強齊」之策，勿忘小平同志所言「不要太早把頭伸出來」，加緊各項建設，醞釀統一氣氛，則前面所提的「統一時間表」還會走得更快。

筆者除闡揚「中國統一的時機快到了」，更呼吁老伙伴、老朋友及識或不識的讀者們，在中國統一的進程上，您，不要缺席，盡一份力或一份心都行。

註釋：

註一：該文中文，黃文啟譯，國防譯粹（台北：國防部史政編譯室，九十二年十二月，第三十卷第十二期），頁七四—八四。

註二：南方朔，「每個石頭底下都躲著恐怖分子」，《中國時報》九十四年七月十一日，第四版。

註三：見國防譯粹（台北：國防部史政編譯室，九十三年二月，第三十一卷第二期），封底資料說明。

第五章　西建集團董事長劉智強先生：企業發展離不開孝道文化

尊敬的台灣來賓、尊敬的余部長和各位領導、尊敬的父老鄉親和同仁朋友：

大家好！

在這金秋十月、丹桂飄香的迷人季節裡，我們迎來了來自海峽東岸的貴賓——陳福成先生一行，今天與我們在此共同探討倫理道德和祖先文化，這是我們海峽兩岸人民友好文化交流的又一見證，更是我們弘揚中華民族倫理道德和傳統文化的一大喜事，借此機會，我謹代表西建集團三千餘名員工對遠道而來的台灣來賓及各位父老鄉親、同仁朋友表示熱烈的歡迎、並致以崇高的敬意。

一九七五年是我大哥劉焦智想方設法、竭盡全力幫助我走出山村、進入縣城，從而終身與建築業結下了不解之緣。如今，我作爲一個由建築起家、在市場經濟浪潮中摸爬滾打近三十年的企業管理者，深知「企業發展與企業的道德文化建設」是密不可分的，在此談一些粗淺的看法供大家參考。

企業發展的重要因素是選擇任用人才和企業的文化理念。企業欲取得市場經濟重量級份額，其中一個重要原因是確立市場經濟的法律準則和倫理道德規範。正因爲企業文化的興起有力地推動了企業經濟的快速發展，才得以使東方文明中重倫理、講道德的優秀傳統進一步發揚光大。同時，爲了不斷適應市場經濟的發展需求，企業倫理道德文化的觀點與內涵必然會突破歷史的局限性而得到進一步發展。企業爲擴大發展，勢必要確立一定的規章制度，即企業的道德規範來調節員工的辦事行爲，是企業員工在認同並嚴格按照該制度處理實際工作的具體業務，區別好壞及善惡標準，從而形成一種自覺的行爲規範，——即企業文化根源；企業在實際發展中所形成的這種文化根源，在一定程度上對員工的活動行爲具有一定的規範性和約束力；企業在長期發展中所形成的企業文化系統和道德規範行爲，對企業員工的約束力是十分自然的，對企業和員工的影響也是長期的，企業正是由於這種文化建設的積累，又在一定程度上促進了企業的發展。

就拿我們西建集團來說，儘管我們在發展過程中經歷了許多的艱難困苦，但是我們始終把企業的文化建設放在首位，對員工的素質常抓不懈，每週六的工作學習彙報從不間斷，每月的安全品質月檢會議數年如一日，堅持始終，使員工在日積月累的過程中，文化的素質、業務素質得到了全面提高，從而爲公司的擴大發展奠定了良好基礎；在抓企業內部管理的同時十分注重關愛員工，——而西建的員工多爲農民子弟，因此我對農民工有一份特別濃厚的情份，在優先保證農民工的勞動條件、勞動收入、勞動保障的同時，不斷提高員工的工資和福利待遇，並出臺了系列獎勵機制，公司多年來形成了優秀員工二年一次國內遊，並在公司成立二十五周年之際，——即二〇〇六年，公司決定對優秀員工和優秀管理人員實行十年一次國外遊獎勵，參加人員規模每次不少於三百人，截至目前我們已先後三次組織了近一千名優秀農民工赴北京、去海南、參觀華東五市，先後有十八名「勞動功臣」去新加坡、馬來西亞、泰國等十二日遊；在每年春節、五一勞動節、端午節、中秋節、國慶日、元旦等傳統節假日期間，公司班子成員都要親自慰問一線工作人員，看望慰問家庭困難職工及家人，使其感受到公司大家庭的溫暖。在經營策略上我們始終堅持「搶抓機遇，穩中求進，誠信經營，共謀發展」的企業宗旨，從不賺取任何捫心錢、黑心錢，而是通過艱辛的付出獲取正當的利益，在近三十年的激烈市場競爭中，西建集團逐步獲得了資本積累，取得了滾動式的發展。現已發展成爲擁有兩億元淨資產、年施工能力超五億元、全運城市縣級唯一具有國家房屋建築工程施工總承包一級資質、集房屋建築、房地產開發、建材加工、市政建設、商業貿易、公益教育、物業管理等爲一體、下設八個分公司和多家子公司的綜合性民營企業集團。

西建集團公司在黨的富民政策感召下，在歷屆縣委政府領導下、在全縣人民和父老鄉親的大力支持下，在父母親的多年教誨下，在狠抓企業文化建設的過程中得到了長足發展，取得了豐富的物資積累。「烏鴉亦有反哺之恩，羊亦有跪乳之德」。我們理應用日益豐富的物質財富及自身的資源優勢，報效黨恩，回報社會。我們積極扶弱助殘報鄉恩，先後投資一百餘萬元爲生我養我的朱陽村鋪設管道、硬化巷道、修建學校和戲台；爲困難殘疾人古魏鎮新村楊康康新建五間大瓦房，牽頭組織成立了「困難大學生助學基金會」；支援災區獻愛心，在汶川、玉樹震災發生後，我們先後捐款三十餘萬元，並組織了七十五人的援川突擊隊，圓滿完成了搭建過渡安置板房二二八套、四二六〇餘平米的援建任務；努力爲企業解憂難，幫助「松源商廈」度難關，投資一千餘萬元建成了現代化商城「國貿大樓」，爲企業化解了內部矛盾；投資公益辦學校，爲政府化解教育債務，接管了負債累累的原芮城中學舊址，更名爲「芮城博立中學」，今年高考中進入大專院校的學生，超過了百名等等。近年來，我公司把企業文化建設與補會公益事業緊密結合起來，先後爲慈善公益事業募捐和投資四千八餘萬元，占到了公司淨資產的四分之一，取得了良好的社會效果。已奠基開工建設的東茂商業街、東茂商場，綜合投資兩億元，其中土建工程投資一點二億元，將徹底改變芮城人民的購物環境，提升城市品位。

在抓企業文化建設方面，我們對僅從形式上嚴要求，更重要的是落實在行動上。在每年的重陽節期間，公司將員工中六十歲以上的老人請回公司，聆聽他們的心聲，體現公司的關懷，並把弘揚中華民族尊老敬老的傳統美德納入公司的用人制度中。我曾經這樣的要求公司員工：「昨天，我們吸吮著母親的乳汁，爬坐在父親的肩頭，在長輩的慈愛教晦中慢慢長大成人，擁有了自己的家庭和事業；今天，當我們事業有成後，更應牢記父母恩，用百倍的愛心去回敬父母，使長輩們能夠享受到晚年的幸福和晚輩們的孝心；明天，我們將失去青春年華，也需要子女的孝敬，所以我們今天就更應該用自己孝敬老人的實際行動去影響和教育子女，給子女做個榜樣。」我討厭那種以「百日床前無孝子」爲籍口推脫責任的不孝之子。試想一下：母親十月懷胎何等艱難，欲把一尺來長的嬰兒養育成堂堂七尺男兒，期間付出的艱辛有誰能說清？「娘養兒三年，兒養娘三天」，我們怎麼能忍心讓老人躺在痛床飽受淒涼呢；對於那種不孝敬父母，把老人當作累贅的行爲，希望我們大家人人誅而滅之」。我們西建集團宣導「百事孝爲先」文明和諧之風，對於那種不尊重老人，不孝敬父母的人，無論你是多麼的能耐，多麼的有才華，我們都堅決不會錄用，這是西建集團提拔用人的一條鐵定的標準……我對員工是這樣要求的，在公司選撥用人上更是這樣落實的。

各位來賓，各位朋友，在市場經濟浪潮中，企業追求經濟利益是無可厚非的。但必須限定在法律道德規範許可的範圍內，否則，就是一種不道德或不正當的社會行爲。按照法律道德規範準則所制定出的規章制度，在一定程度上規範和限定了員工的行爲，這十分有益於企業在社會環境中的正面影響，有助於企業的向前發展。因此說，企業發展與文化建設密不可分。我十分贊佩陳福成先生關於和平統一中國的觀點，並從西建集團三千名員工著手，認真做事，努力工作，誠信做人，爲我們的國家富強盡一點微薄之力。我們西建集團在今後的工作中一定會嚴格按照企業法則，快速提高文化品位，加大提高人員素質的力度，積極爲城市建設和經濟發展做出新的更大的貢獻。

謝謝大家！

第六章 會後・感懷

大紅的布條掛著「中國・芮城海峽兩岸道德文化交流會」，這個盛會除吳信義、吳元俊及筆者從台灣來。芮城縣府由宣傳部長余妙珍女士率領多位官員親臨主持，劉焦智當然是要角，此外還有那些朋友參加，按「鳳梅人」報事後報導（第六十五期，二〇一〇年十一月二十二日），整理如下。

終生獻身儒學事業的八十老翁——芮城縣儒學大師楊天泰老先生。（他贈我數冊尚未出版的文稿，以「楊天太」落款，應是同一個人。）

劉焦智兄弟的兄長劉交春、劉保林、劉保牛、侄子劉江峰、外甥劉偉江；

劉焦智的兒子劉崇羽、兩女的女婿許高峰、吉雲剛；完小時期的班主任老師石玉生；

還有給「鳳梅人」報經濟支援及其他支持的朋友們：朱陽鄉友張全旭、同宗滿囤、號強、啓旺；芮城教育界元老董世斌、郭玉琴、劉有光；古仁張維夫妻、以及該村每月給「鳳」報提供支援的十二位文友和書法家范世平、老天津知青趙國慶等。

還有劉焦智兄弟的出生地朱陽村鄉親劉自強、劉同俠、劉明陽、劉育祥、劉增占、張忠旭、張全民、劉學法、劉銅鎖夫妻；

還有多年來對「鳳」報有興趣，因而常往來的芮城文化界人士李支援、呂俊福、閻振福、範宏斌、朱章煜、李孟綱、趙志杰、楊雲、焦志科、張國珍、侯懷玉、呂國明、張子正、薛秦虎、王實石、謝廷璧、王民權等。

還有現場朗誦劉焦智長詩的女作家張西燕小姐、芮城老齡人才資源開發協會會長張亦農兄。

此行劉焦智兄弟中，我見到智強兄、智民兄，另一小弟智勇，據聞在遠地工作。壯哉！劉開珍老先生及老夫人有這四個有爲、有正氣的兒子，除焦智兄外，餘仍在壯年，未來對芮城、對中國，必有更大的貢獻。

交流會議圓滿結束，兩岸並未簽訂甚麼條約！其實「條約」是靠不住的（列寧、史達林都說過）。

「道德、文化」這種「形而上」的東西，要以心傳心，做到心肝裡，能做到「拈花微笑」就更好了。這是兩岸關係的本質，不從這個「本質面」去努力，會有很多「白做

芮城信息

RUICHENG XINXI

传达政令 发布信息 中共芮城县委信息中心承办

2010年11月2日
星期二
农历庚寅年九月二十六

中国·芮城海峡两岸道德文化交流会召开

本报讯（记者 杨建华 通讯员 杨增选）中国·芮城海峡两岸道德文化交流会于10月31日在党政大楼华泰厅召开。县委常委、宣传部长余妙珍，县统战部常务副部长陈衍会，县老龄人才资源开发协会会长张亦农，西建集团董事长刘智强，总经理刘智民，凤梅五金店总经理、《凤梅人》总编刘焦智，台湾宾客吴信义、吴元俊、陈福成及我县60名文化人士参加。县对台办主任吉自峰主持会议。

张亦农首先介绍了本次交流会筹备情况。

余妙珍在热情洋溢的致辞中，首先代表县委、县政府对来自台湾的朋友表示欢迎。她向来宾们介绍了我县的政治、文化、经济及创建国家级生态文明县的情况。她说，我县近年来围绕"爱国守法、明礼诚信、团结友爱、勤俭自强、敬业奉献"公民道德二十字纲要和"八荣八耻"，深入开展道德教育活动，涌现出了全国道德模范常存灯、全县孝星刘智强等先进典型人物。特别是刘焦智先生坚持数年办《凤梅人》报，传承文化、弘扬正气，为推动海内外文化交流作出了突出的贡献。她希望通过海峡两岸道德文化交流会，加强两岸文化交流合作，推进祖国统一，为中华民族伟大复兴作出积极的贡献。

来自台湾大学主任教官吴信义、吴元俊，台湾空院讲师陈福成先后作了演讲，介绍了台湾的民风民俗、风土人情。感谢县领导及西建集团、凤梅五金店对他们的盛情接待，表示回台后要大力宣传芮城，支持芮城的发展。

省人大代表、西建集团董事长刘智强介绍了"企业发展与文化建设"。县电视台总编室主任张西燕朗诵了刘焦智先生的作品《道德立体交叉桥》。

会上，余妙珍为台湾客人赠送了《中国（芮城）永乐宫第三届国际书画艺术节名家作品·获奖作品集》、永乐宫壁画《朝元图》。与会人员和台湾客人互赠书画作品，进行文化交流。台湾客人还参观了我县的名胜古迹、城市建设、乡村风光及西建集团开发的住宅小区等。

引「鳳梅人」報总第65期（2010.11.22）第一版.

親情賀：家鄉芮城的盛會

臺灣高雄●石臨生

焦智弟：

近臺灣國會終于通過ECFA，經濟前途好景可期。而我已滿83，邁入84老人途徑，不會寫詩。時值家鄉召開兩岸道德文化交流會，激動之餘，把心中一些感想，用打油詩寫出來，算是吐露對祖國前途的一點看法，給總編老表斧正。

老去原知萬事空
但悲不見兩岸統
氣煞老夫夜難寐
思量還是再等等
逆流期盼走臺獨
夢醒終究一場空
前景絕好「愛遲法」ECFA
激勵老夫石臨生

石臨生，1927年生，山西芮城縣東壚鄉坑南村人。1950年赴臺。而今子孫繞膝，福澤豐厚。20多年前，曾携弟弟石玉生等，給出生地坑南學校捐助一座教學樓，——屬于真真切切的、不含虛偽的、愛國愛民的仁德志士。

「鳳」報65期.
2010.11.22.

工」的情形發生。

我常看到報紙又報導兩岸敏感問題，有些大官盡說大話，說本來如何！規定如何！你們應該如何！等等。結果引來很多下層民眾的反感，長久努力的交流，一夜間又泡沫化了。

試想，兩岸經半世紀敵意對峙，現在要打開大門交流何其難？而我們這次的芮城交流會劃下圓滿的句點。這樣的交流會議，足爲兩岸其他各種交流之模範。

感謝芮城縣府宣傳部長余妙珍女士親臨主持會議，並贈我等芮城重寶永樂宮「朝元圖」長卷軸，感謝焦智兄、智強兄、智民兄，你們的支持；感謝芮城朋友們對我等三人之禮遇、愛護。

第五篇 補說：劉焦智，「二弟智強與眾不同的優缺點」

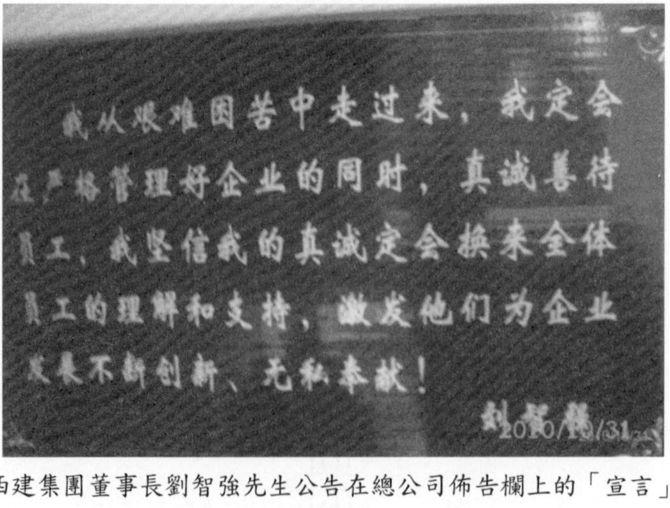

西建集團董事長劉智強先生公告在總公司佈告欄上的「宣言」

二弟智強與眾不同的優缺點（註）

劉焦智

引言

兄長讚揚弟弟，自然是言及優點了，怎麼寫成了「優缺點」呢？

原因很簡單：價值觀不同。被有些人認爲是優點的事，而又同時被另種價值觀持有者認作爲缺點了。比方說，正派人教導的孩子不會偷人和騙人，而非正派人則把這個孩子「不偷不騙」的習性認作是缺點了；我的大女兒不會罵人，我非常自豪地把這一點認作是優點，而潑婦女人則認爲不會罵人吃了虧——又成一個缺點了；我教育子孫養成「不怕吃虧」、「多幫窮苦人」、對借錢的學生不要討賬、任其自然，——有意吃一些虧，——無疑，另一些唯利是圖之類則認爲這是缺點了；我以自己自小跟著父親學會的、不善於拍馬送禮的習慣而自豪，而不少與我有血緣關係的長輩和表兄表弟則看不起我，——把這個習慣看成了缺點：因爲升不了官……

其實，所謂的價値觀，還是傳統文化中「看眼前」還是「看長遠」的問題。文革中有人參與派性、武鬥、打人，認爲自己「識時務者爲俊傑」；而北京的閻崇年教授卻遠離文革，鑽在家裏攻讀清史，當文革後讀物萬分貧乏之時，他寫的《努爾哈赤》一書可就走紅了，——他也認爲自己是「識時務者」。而那些自以自己屬「俊傑」的運動紅，則不是被定成了被眾人「嗤之以鼻」的「三種人」，便是因打死人命而判處了死刑。

一、與親弟弟合夥辦公司

說到他的特點，能夠寫得比較真實、不含水分，讓讀者看了之後有了豐收的心情、從心底裏認爲有些價値、覺得自己沒有白白地浪費時間，——達到這種功效，那些手持報刊證件的「特級文化人」，說什麼也趕不上被群眾公認爲腦子較好、善於從細微之處抓住實質和要害、比二弟智強大五點五歲、今年五十九歲的這個我。

生意場上的本縣人、運城人、鄭州人、杭州上海人，我認識的，實在比一般人聽說的數量多得多，——他們中間，沒有與親兄親弟合夥經營而生意做大的一個範例。有的，儘是些與室哥內弟合夥、憤而你東我西、你毒我害、背後相互攻奸，——最終呢？各自的生意上，都維繫著輕重不同的、比屁不淡的局面。據我所知：只有得了天下的唐朝李家兄弟、宋朝趙家兄弟等，才走在咱們祖先文化的大道上：殺場需要父子兵，打虎不離親兄弟。

你想嘛，看老婆眼色行事而討好的心理作了用，才試圖給岳父岳母一些恩惠，才走上了與內弟室哥合夥經營的路，——這種陰盛陽衰、缺乏陽剛之氣的老闆，如果真的把生意做得趕上了泰山、超過了五嶽，這「趕」與「超」，肯定發生在太陽只發光、月亮卻發熱，——天翻地覆的浩劫之後。

你再想嘛，如果哥哥去監獄給弟弟送饃，他們的父母無論如何是不會反對的；而如果由內弟去送，這內弟的父母——即罪犯的岳父母，豈不感到羞恥、認爲有辱於岳家臉面了嗎？再者，男人犯了法，妻子離婚再嫁，——嫁十次的丈夫，都是親丈夫；但如果弟弟在監獄餓死了，年邁齒衰的老母還能再給你另生一個弟弟嗎？常聽人說張三某人犯法後，妻子通過監獄領導傳遞雙方簽字的手續離了婚，在解除婚姻關係的同時，自然也解除了岳父女婿的關係和姐夫內弟的關係，卻絕沒有一個人登報解除兄弟關係的。——假如比爾·蓋茨去監獄給弟弟送饃，人們一定要說：「啊！原來他不僅有錢，而且有仁有義呀！」——反而更光彩、形象更偉大了；如果岳父母給獄中的女婿送饃，人們一定要說：

「女兒嫁了個壞人，多丟人現眼，還不棄暗投明，竟然送饃饃！」

因此，利字當先、義字拋在腦後、與室哥內弟「合夥經營」的那一夥，怎麼能和衷共濟、怎麼能誓同生死、怎麼能泰山五嶽了呢？？？

註：用「優、缺」兩點，不是謀取標題上十二個字的吉祥，而是顧及到了海內外與我認識不一定相同的各種見解。——倘有高明之士持反對意見，我早早先在關公、呂公身邊向您抱拳拱手：是優是缺，自己理解吧。

二、構建和諧「化敵為友」是他天生的本能

——實在對不起：本文是只能讓讀者見到標題、而無法奉獻原文的：在十幾年前，西建公司處於規模平平之時，有幾個局級、院長級的「重量級」，自以爲靠官場暗箱操作或老婆臉蛋掛的那個粗腿，就有了生殺大權，把個農民出身、不善梳妝打扮的鄉下人——劉智強弟兄——就沒有放在了眼裏。結果呢？遇上了劉家祖傳的正氣，還是極不光彩地敗下了陣子。之後呢？勝者的二弟不以取勝而驕橫，反而以低調做人的品格感化了曾經價外那個的那幾個。——您說，把那幾個故事不誇張、不形容地寫上半版，我想，趣味

不僅橫生、而且順延。只可惜，「化敵為友」中的那幾人至今仍然健在，雖則已經「為友」，卻總不想重提那段不甚痛快的「敵」史。所以，先欠讀者半版文字債，待將來情況合適、筆者如果也尚在人世的時機，再予以償還。

三、降妖伏虎務必剛柔並用——永遠不敗需要和衷共濟

我這鳳梅五金店在八十九、九十、九十一這段雖然不足千日、卻有三個年頭、與我縣電業局的訂貨糾紛中，不僅把八十年建廠、八十六年建店以來的所有積累完全耗盡，而且還有幾千元銀行外債的赤字。

不明底細的信口開河者說什麼張三某某「愛打官司」，認為放棄陽剛、只靠「陰柔」、「無韌無鋼」就完全可以，——這個，基本上是一些劁（qiao ㄑㄧㄠˊ）貓剡（shan ㄧㄢˇ）狗（註）之輩強裝偉人聖賢的無稽之談。

你想嘛，我縣電業局付了兩千元訂金，我按其訂貨要求做了八千多元的桌椅，訂單上印著白紙黑字：單價合計、交貨日期等等，而且電業局派來的承辦人在完工後已經檢驗合格，只是由於他們單位基建推遲才延緩到兩年之後來提貨，致使貨物的存放占了大大兩間房子，而且，除訂金兩千元之外的六千多元被壓制了幾年不能周轉，哪有不承擔

任何損失的道理？

而那時的電業部門，可以說，只拿一把剪線斷電的鉗子就能百戰百勝，甚至被請到餐桌上大吃二喝、吞雲吐霧、三國水滸了。

但遇上了祖傳剛正不阿、爲人正派、辦事公道的劉家弟兄，就沒有那麼簡單了。——在我多次上門與人家認真商議、最後竟然被這些掌握強權、不講公理、占慣了上風者拒之門外：「再提賠償損失的事，就斷了你的電！」

受到屈辱的我，出了電業局大門西行，在「抬頭怏怏然、低頭昏沉沉」的氣憤中咬緊了牙關，從牙縫裏蹦出七個字：「開弓沒有回頭箭！」

但二弟智強在此時此刻，仍然不願放棄「談和」的念頭，他直接去找人家，試圖在「情」「理」「法」這三部曲中以情動人，——但面對電霸，卻無功而返。後來，在我鳳梅五金店被無端斷電後的整整四十天時間裏，我曾接受縣政府、三電辦公室等機構的解決，但卻無濟於事。迫不得已，在斷了電的黑暗中終於下定了決心，於八十九年秋冬之交，踏上了討伐電霸的征程。在出師太原府告狀的前一天晚上九—十二點，我催妻子兒女睡下之後，獨自一人坐在辦公桌前寫了絕命書：「這一次去省城告狀，開著車、在眾目睽睽之下，如果權大於法的現狀真的到省城仍拿不下來，生來沒有打過敗仗的我，是丟不起這個人的：只有與電業局領導一命換一命了。」——當時我的擺鐘敲響了十二下，中央電視臺播放的什麼節目，我也一一記在絕命書上。

幸好，在《山西日報》、《運城日報》、《內參》等媒體的關懷下，還是克敵制勝了。但誠如前面所說：把一個在芮城縣響噹噹的鳳梅五金店弄成了一個業不抵債的空架子。

經濟上是困不可言了，而政治影響上，卻達到了高潮：挫敗電霸，幾乎是產生了這個獨家生意的特權機構以來，在芮城縣的歷史上不曾有過的先例，——這浩然正氣，無疑，也能產生促進經濟發展的效應。

那一年，二弟的西建公司（當時可能還叫「西陌鄉朱陽工程隊」）在縣棉加廠基建中分明中了標，而上級主管部門——縣社有個利慾薰心的領導卻目無法紀，不讓二弟幹，想把那工程給了另一家，——因爲他自己家的建設是由那個工程隊施工的，這其中包含的奧妙，三歲小孩也知道。二弟在忍無可忍時曾經這樣說：「如果你們徇私枉法，電業局的下場就是你們的前車之鑒！」——這一招，還真的起了作用：邪惡終於讓步了。但是在後來，當那個領導迫不得已地鑽出錢眼、同意「公平執法」時，弟弟還是繼續了他「低調做人」的本性，將工程讓給了另一家。

在九〇年代開始的那幾年，二弟的公司還處在「初期階段」，因而「發展也是硬道理」，但也不能看著這個鳳梅店垮掉，怎麼辦呢？二弟讓幹會計工作的外甥信娃在中間穿梭：今天給我送來進貨的錢，明天又取走我店的營業額自己用；後天或大後天我進貨、再送來一萬或兩萬……，這樣進行了很長時間。

有一次，我與二弟白天在電話上說清：需要一萬元。但晚上二弟卻派一個工人送來了八千元。

——人啊！尤其爺爺劉月堂、父親劉開珍身後的這些子孫們，在陷入困境的時候，卻比以往更加注重自尊和臉面了，這也許正是西建公司迅速掘起的一個內在原因。——這個原因，可以說，是一個「放之四海而皆準」的致勝法寶。而能夠把這個法寶從我們劉家幾代人錯綜複雜的歷史中洗煉出來奉獻給讀者的人，則非我莫屬了。因為只有我才把幾代人的偉大實踐做了艱苦卓絕的研究，——比如《風雨滄桑》等等，——發現這正是幾千年來孔孟儒家文化滲透到我們劉家引起的後果，從而傾自己全部的精力和財力、甚至拼老命而投身其中。誰都知道：在萬年曆後面的《古訓》中，古人對貧窮者下的結論是「人窮志短，馬瘦毛長」。——因為一般來說，在衣食不飽的情況下，絕大多數人是「窮而喪志」、「搶吃嗟來之食」的。只有「窮而有志，富而有德」，才是儒家文化的精華。——只所以譽之為「精華」，又是因為在一般社會上，總是窮人多而富人少，所以，能夠促使「富人立德、窮人立志」的學說和理論，——毫無疑問，才能夠千百倍地推動社會的發展，自然也促進了社會的和諧，——怎麼能不是精華呢！！！

扯得太遠了，再回到我與二弟「轉借資金」的主題上來：我在自感被人笑看、極度痛苦與憂傷中，打發走了送錢的來人。之後，立即讓自己的兩個女兒把八千元原封不動地送給了二弟。

次日天亮前一兩個小時，二弟敲門進屋，先講清了昨晚的誤會：「昨晚信娃看電影去了，我怕耽誤了你進貨的事，只好把我口袋裏僅有的八千元先給你送來。」他一邊說，一邊掏出了一萬元放在桌子上：「我晚睡了一會，一直等到信娃看電影回來，才把錢取出來。」

我一聽，始知自己誤會弟弟了，立即痛快地回話：「噢！我錯怪你了。」——你想，如果不是他考慮到我要早早去西安進貨，何至於這麼早就起床送錢？——在有灰有塵、難免灰塵沾身的塵世上，沒有錯誤的人，一個也沒有。從五千年前的彎彎曲曲、坎坷不平的道路上走過來的每一個中華兒女，如同一股勢不可擋的洪流，在這樣一個小小的點兒上分了岔：明知自己有錯還低不下架子、甚至爲了掩蓋錯誤而錯上加錯，——這些人，走上了失敗的死胡同；而襟懷坦白、誠懇爲人的另一部分人，低調做人、勇於認錯、知錯就改，最終走上了成功的路，難道我說的不對？難道有一個人例外嗎？！

另有一次，我在從深圳回返的車上，接到店裏的電話：急需一萬五千元。我立即給二弟去電，他答應了：「我馬上讓信娃送去」。

但一個多小時後店裏又給我來電催問，我便把電話直接打給信娃，從語氣上聽到了這外甥「手裏無錢、正在尋借」、萬分爲難的情緒之後，我立即給店裏去電：「明天再進貨。」並把電話打給外甥：「店裏事已完全辦妥，這幾天不用送錢了。」

我明白：在弟弟公司緊張、如此爲難之時，自己如果還是不顧眉眼地只考慮自己的私利，把熬煎甩給弟弟，父親的在天之靈，是一定不會容忍的，晚上又要托夢給我、必將招來一個從丑時哭到天亮的惡劇了。我更明白：任何一個老人，不論健在，還是離開了人世，——假如這個老人是我的話——一旦發現自己的兒女中有一個陷入痛苦、或者受到了欺侮，我想，他說什麼也不會心安于人世或九泉之下的。

……。

鳳梅五金店，重活了！——而且，還孕育了一個受到海內外名人好評的《鳳梅人》。——這小報，雖則由幾個只有初中文化程度的小商人承辦，但是——

有孔老夫子「仁者無敵」的尚方寶劍；

有祖傳爲人正派，辦事公道的制勝法寶；
有弟兄姐妹在任何艱難困苦中和衷共濟、剛柔並用的品質和才俱；
有先父在天之靈時時刻刻地、細緻入微地關懷和庇佑；
就夠了！！！

註：「劁貓剢狗」該詞的字面意思是指獸醫動人工手術改變雌性貓和雄性狗的交配功能和繁殖功能，一般用來形容幹不了大事業的目光短淺者。

四、為人也就為了己

咱們祖先批評道德品質欠缺之徒所下的那個結論：「以害人開始，以害己告終，」——如果這句話被人們普遍公認、具有真實性和哲理性的話，那麼，本文的標題：「爲人也就爲了己」，一定是半點不假的道理。

筆者也只有在這八九年來迷上了祖先文化之後才猛然發現：二弟這西陌建築公司，原來主要是在重用「自己人」，——即親弟、表弟、侄子、外甥、同宗、以及諸多親鄰朋友而發展壯大起來的。但這種作法，曾在不少迷戀西方文化的報刊和電視上，被批評爲「家族式管理」，似乎不利於發展。而西建公司的發展史，卻無可辯駁地證明了這一點：親情作用於企業，那威力，遠遠大於法律和制度。

人本身，只不過是大自然中的一類，——與樹木花草、與飛禽走獸一樣被大自然制約著：也是在生成和死亡的過程中運行。所以，學問很不算話的我，常常這樣開導人：假如你準備在自家院裏栽一棵果樹，如果隔牆鄰居家有這樣的樹苗，三五裏外的鄰村和千萬裏之外的北京、瀋陽、新疆同樣也有，——但最容易成活、將來長勢最好、結果最多、且味道最美的，無疑是隔牆鄰居院子裏的那一棵。道理很簡單：它與你家的水土、氣候條件適應地不能再那麼適應了，怎麼能差得了呢？

幾十年前一個娶了北京女人爲妻的朋友，說他的兒女在聰明程度上一定要遠遠大於我的兒和女，他認爲：夫妻兩人的出生地越遠越好，甚至還有人認爲與外國人結婚就能生下神童來。但我發現：這個理論是站不住腳的，這些人的兒女，不論其長相、還是在智慧方面，都不及我的兒和女。——不久前，電視上播放了這麼一件事：某地完全是近親結婚，但那裏的人卻尤其健康：在不大的村子裏，百歲老人竟然就有二十多。

我在五十一期小報《與親弟弟合夥辦公司》一文中，只說了二弟智強與同父同母的弟弟合夥幹，應了「打虎不離親兄弟、殺場還需父子兵」的古訓，今天本文又推而廣之：不僅重用親弟、而且重用有血緣關係及一切交往較多的親朋和鄰居，同樣也是符合天道、順應自然規律的作法。

但吾弟智強，卻並不是他因爲他弄懂了這些深奧的知識、明白了這些自然規律之後才去用人的，純粹是因爲他與親朋藕斷絲連的感情，導致了我們目下所看到的這一切：幾乎所有的近親與遠親，都在西建公司這棵樹下乘著涼。——請注意，是感情，首先是祖先文化中的情和義，其次才是「法」，成就了發展和壯大。而這種情和義，源於骨子、源於血液、源於祖輩遺傳和父母的言傳和身教。

比方說，員工某甲原來在千里之外幹工作，爲了方便，曾托不少親朋與某建築公司說好：工作手續從外地調回本縣、到該公司去上班。但由於該公司老闆過於貪財和注重員工的外表，因而自食其言、將這人拒之門外。當時，二弟智強根本不知道此人有多大能耐，僅僅只是見他萬般可憐：——出了舊門、進不了新門、生活沒有著落，才把這人招進來，——後來在工作中才發現：他在建築上還很有特長，自然也在西建公司這十幾年的發展中起了不小的作用。說到情與義，還有一件記憶猶新的往事：二十年前的某一天，我與他到運城辦個事，且由於當時西建公司沒有車，他托關係從某職能部門借用了一輛麵包用。行駛到嶺底丁字路口時，一輛蹦蹦車沒有聽見我車的喇叭聲，避路時慢了一兩分鐘，我們的司機立即停車沖上前，劈頭蓋臉地朝蹦蹦車司機打過去，——說時遲，那時快，我還在驚呆與不解之中，卻見二弟跳下車、飛跑向前，及時給以了有效地制止。——而如今社會上的不少人，遇到這種情況，則一定要狗仗人勢、揮起拳頭一起毆打農民衣著的癟三人，藉以顯示自己那個令人作嘔的威力。

道理，已經相當明顯了：源于骨子、源於血液、源于父母言傳身教的情和義，可以克敵制勝，可以開金開石，可以成就事業的宏偉和子孫的興旺。但如果不是我們的父輩和祖父與人相處時具備的那種公平和正義、與人爲善的生活習慣，我們弟兄，怎麼能有這個產生活水的源頭呢？

讀者朋友、先生或小姐：幾十年之後，你的兒子和孫子，——他們的父輩、祖父或祖母，不正是如今的這個你嗎？——想讓他們將來成龍成鳳或變蛇，全看你今天怎麼做人了。

五、低谷之中寧吃苦而不舍臉面

我家最最困難的十年，恰巧與我們這個中華民族相吻合：一九六六年——一九七六年。往前：六十三、六十四、六十五年，廟裏的後土娘娘送給父母的四個兒子已經到齊，我在陌南中學常常名列第一，幾個弟弟也成長在健康茁壯中。往後：七十七、七十八、七十九年，我與二弟智強兩個媳婦同時訂婚、一天許親、不長時間又成家立業；三弟到風陵渡鑄造廠、標件廠上了班。國家恢復中考、優越於三個倒楣兄長的四弟考上了中專；——缺衣少穿、弟弟患病動手術、受浩劫之苦、被個別貧農和黨員幹部所欺、又迎冰雹之災的年份，恰好在那些被鄧小平命名爲「浩劫」的十年裏。

我至死不會忘記：一九七四年秋冬，十八歲的二弟智強被迫拉上自家的木制人力架子車去了我縣的石湖村，從村北十多裏的山上，拉石頭賣給位於該村的水泥廠，每天可掙得一——二元。中秋節前一天下午，有個與他一起幹活的鄉鄰回家取乾糧，二弟托他給自己捎些高粱蒸饃和紅薯，母親對那人說：「你讓強強明天早上回來一下，家裏蒸肉麥飯讓他吃一些。」

肉這東西，在身體基本溫暖、肚子已經吃飽了二十八年之後的今天，仍然是被農村人奉爲上等美餐的東西，而在高粱玉米也塡不飽肚子的當時，可以說，稍一想起或者聽人說到它，也要連咽幾口唾液的。但當時的二弟，卻並沒有爲之所動：中秋節早上，家裏接到了他的一封信：「不把欠XXX的三十元攢夠數，我決不回來。」一字不識的母親聽人念信後失聲痛哭了好大一會，父親也長籲短歎、眼含淚花、沉思了半晌不說一句話。——情況是這樣的：當時，窮困之中的我家，並非借貸的原因，欠了一個親戚三十元錢，而且，這個親戚雖則是我的父親一個有血緣關係的晚輩，但在要賬時，面對年老長輩而絲毫不留情面，甚至語言尖刻，致使二弟在忍無可忍之時，才拉著架子車苦戰在了水泥廠北邊的山上。

正是人世間這些殘酷的、或者與殘酷相反的現實，產生了推動社會不斷向前發展的理論：在祖先一代又一代的訓導中，有一種說法：「窮而有志，富而有德」；但《萬年曆》後邊的古訓中卻有這麼八個字：「人窮志短，馬瘦毛長」。——就這個話題，幾十年來我曾多次與文友們討論：人窮了，到底是志短了呢？還是更長了？有識者雲：人窮之後有志者，是少之又少的；大部分人在處於低谷、勢力單薄、缺衣少穿之時，很容易產生窮而喪志、早睡晚起、懶於勞動、低三下四、巴結權貴、虧人賴帳、信口雌黃、甚至偷偷摸摸的惡習，最終淪落爲囚犯和強盜，並且三代五代地窮下去。而二弟智強之所以能有今天，正是因爲他突破了「一般」、處於「少之又少」之中的的緣故。

我經常這樣勸導人：人窮了之後，餓死也不要張口向人借，因而才有可能把人格和尊嚴保持在高度，用父母給的這一身力氣去努力、去奮鬥。所謂保持人格尊嚴，就是說，在窮困中，對於一切膽敢仗勢欺人者，是一定要不惜一切代價給予還擊的，甚至在迫不得已之時，捨棄性命、一命換一命也完全值得。——三十多年以前，受欺負之中的父母、我們弟兄，如果沒有這種「水土的保持」，早就被洪水沖失得啥也沒有了。但在幾十年之後的今天，有人竟然信口雌黃，說什麼父親當年有過錯：在兒女小、家裏窮困時如果忍讓一些，則不會多次挨整、多次被惡人打得頭破血流。——這話違背了邏輯：有道是，「牆倒眾人推」，處於窮困之中，如果一味忍讓，那些沒有任何文化素養、在舊社會當慣了死狗爛髒、在浩劫中被捧為「領導階級」的個別「貧農」、個別黨員幹部、黨支部書記，就會不斷上門來找茬。而保持「為人正派、辦事公道」的本性，面對執政者的強權和得志小人的強拳時毫不畏懼，——「強賊怕弱主」，邪氣也一定會膽怯一些、言行自然也要收斂一些的。最最重要的是：兒女們從父輩們身上學到了一身正氣、面對虎豹豺狼一步不退的習性，無疑也就在心靈深處奠定了將來成就偉業的牢固根基。

而低調做人，則是錢權派的錢與權得以保持、並傳至後代的必須。道理很簡單：哪一個人敢於公然欺負有權有錢的勢力強大者？因此，處在錢權派之中的每個人，你的調子再低，也沒有一個人認為這種低調是軟弱好欺的表示，而總是被人理解為「高德」。當然，在我們周圍，身處錢權派之中、過分張狂、吃喝嫖賭、眼看著親朋善友生活沒有著落而毫不動情、變著法子與自己的兒女任意消費、視金錢如糞土，甚至目無祖先相傳了幾千年的道德文化、認為金錢可以壓倒一切者也並不少見。這只能證明他的錢權不是來自于正道，——正如沒有身受「鋤禾日當午，汗滴禾下土」那種艱辛的土匪流氓、腐敗官員，根本不可能珍惜「粒粒米」的道理一樣。所以說，不是此類不想把錢權傳給自己的兒子和孫子，而是他在錢權上升的同時、道德文化知識沒有同時上升、自然也不積善德、不懂如何相傳的緣故。——窮不過五代、富不過三代的觀點，說的正是這類人。而對於重視祖先道德文化、連富十三代而不衰的曾國藩曾家來說，卻是用不上的。

六、盯目標不爭一時之氣

在山西西建公司艱苦卓絕的發展歷史上有過這麼一段：在某國營大廠承包車間和鍋爐廁所一類的工程。

有一次，一個半工半農的泥瓦工，由於對城裏的規章制度知之不多，進該廠大門沒有下自行車就率直而入、該門衛擅自以武力懲罰、致使我那個身爲副經理的三弟智民奮起反抗、發生肢體衝突。

接到三弟電話、並弄清了事件原委後，我立即去該廠見到廠長，理直氣壯地闡明了這樣的觀點：如果貴廠有一個工人到我建築工地偷了鋼筋水泥一類的東西，我方不向廠長反映、直接去車間毆打工人，——這種做法，與打廠長無異；在今天發生的這個事件中，儘管我方工人違犯門衛制度在前，但門衛沒有首先給我建築公司領導反映而直接毆打我方工人，自然也與打經理無異；——因此，三弟的防衛是正當的。

該廠長聽了後當即答應了我的建議：雙方簽署一項協議，使類似事件不再發生。

身為總經理的二弟智強把該廠起草的協議送來讓我看了之後發現：除了我當時講的那些無可爭議的內容以外，還另加了這麼一條：「乙方（指西建公司）不准糾集社會流氓到我廠鬧事……。」——這是平白無故地用了一句欺天的話：劉焦智公平合理的據理力爭、並且是在沒有發生半句爭吵的情況下提出了這個簽署《協議》的事，找回公平正義給他們，怎麼就成「社會流氓」了呢？

我當即持筆劃掉了「乙方」、換上了「雙方」兩個字，——但二弟後來說，該廠長看後不允，說什麼：「如果照你哥改過的字樣去列印，就是「喪權辱國」、「失去廠威」了。」

二弟智強沒有與之繼續爭執，——讓兄長與自己公司暫時受些沒有來由的屈辱，——這是因為他心目中有一個大目標。十幾年之後，這個目標已經或正在得到實現。

如今，被人美譽為「社會流氓」、「文學子」一類的人，雖則住著租住別人的十二平米微室，吃著便飯、穿著減價衣服，很可能仍然被人歧視、甚至被個別鑽進了錢眼、喪失了人性、背棄了祖德的弟兄和子女看不起，但卻與文學子相反、視銀錢如糞土，每月花去五千多元、每晚用半夜時間寫文和編報，從事著挽救祖先道德文化的事。

而那個自以為在言語文字上占些便宜、就算維護了「廠威」的大廠，如今怎麼樣了呢？——早已從人們的記憶裏消失得半點痕跡沒有了，——甚至，八十、九十後成長起來的年輕人，還不知道我縣曾經有過這麼一個光榮偉大正確的廠。

七、生身母與丈母娘

那年我和二弟智強引八十歲老母去杭州上海觀光，恰逢中秋節前後的旅遊旺季。在西安機場，在杭州西湖，上海外灘、南京路以及城隍廟，可以說，人山人海。

別看小我五點五歲的他，在我眼鼻子底下長大，一切瞭若指掌。但卻從來沒有發現，他竟然還有這麼一個從來沒有被我察覺的愛好：每當我們遇到了小倆口或三口之家攜有六七十歲老者的時候，他就像見了久別重逢的朋友一樣，立即走上前去和人家打招呼，——拉幾句家常、發現對方一家人有了友好的態度之後，那暗藏在腦子裏的最終目的，就裸露出來了：

或問青年婦女：「這老大娘，是您的婆婆？還是娘家媽？」

或問老漢老婆：「這英俊小夥，是您的女婿？還是兒子？」

或問人家小孩：「她是你的奶奶呢？還是姥姥？」

——方式雖則變換了不少，但目的只有一個，就是一定要弄清：他們花大宗錢赴外地的這一次旅遊，所引的老者，到底是親生父母呢？還是岳父岳母？

若是不加一些深度地思索，關心這些，似乎淡而又淡：不論是母親或岳母，並不是什麼觸犯刑律的大事，值得如此關注麼？

當時的我，僅僅只是把這些插曲當作產生愉快心情的過眼雲煙，並沒有想得過多。僅僅只有這麼一種時隱時現的、比較欣喜的心情在肚裏：我們弟兄，所引的，是親生母親，較之那些孝敬岳父岳母者，總是要光彩一些的。

回到家鄉的一半年以後，我在弘揚自己父親高德之《風雨滄桑》的寫作中，思考中，研究中，才把這個親生父母與岳父母的問題，弄得比較明白了：孝敬親生父母的人是因爲他牢記著自己成長中的恩人，——也就是報答已經過去很遠了的恩情。而巴結丈母娘、無視親生父母者，無疑，是一些忘恩負義者。——道理很簡單：僅僅只孝敬岳父岳母，是因爲妻子可以解決今晚或明晚的性生活問題，而親生父母幾年前、幾十年前的那些恩情已經過去了，報答與不報答都一樣，反正已經過去了。——正如我們周圍有些掛著商人招牌的騙子、把外地人的貨物騙來遲遲不給人家匯款、或根本就不打算付錢的道理一樣：反正貨物已經到了我手裏，外地人弄不走了。

看來二弟智強關注親生父母與岳父母的事：原來有著極大的道理在裏頭：深交朋友或者辦大事需要培養一批永遠立於不敗之地的骨幹力量，不用作過多地、詳細地調查瞭解他的其他情況，只觀察一下他與自己親生父母關係處得怎麼樣，就夠了！足夠了！！！

每個人的大腦中、骨子裏的天良，——或有或沒有，根本不是你在十八歲之後的年齡段再進行教育就可以改變的事！！！父母和老師沒有從十三歲之前進行言傳身教和儒釋道文化的輸入，到了十八歲之後，就徹底沒有希望了。——這不就是祖先傳統文化中「七歲看老」的道理嗎？？？

八、技術行，哪能投機用巧計？

莫不是妲己惡魂飄來附了體
演員江青欺壓國人假仁義
面對國計民生盡施表演術
極必反掙來死緩掙無期

爲抗戰宋美齡奔波勞累十幾年
爲國爲民真誠無私又實意
儘管她終生沒有兒和女
動天地賞賜百年福壽再添七

在農村懶人貪睡謊稱有技藝
讓莊稼實行了計畫再生育
常常是收穫沒有種籽多
——你哄它迫使它哄你
勤快人只知多用好糞多出力
天睜眼糧食滿倉囤滿溢

想當初西建公司剛起步
沒有在巧與計上去著力
爲了培養骨幹力量迎未來

赴太原實習一批接一批
大比武民企西建技工得冠軍
靠人才贏來品質和信譽

在西建年輕一代如雲集
——我的子侄外甥和表弟
還有認不完的壯男和善女
沒有一個巧言花語生意精
也沒有一張貪財愛利文化皮（痞）
完全是些兢兢業業本份人
結善果道德累積天賜予

九、牢記祖德行天道，豈能為己害他人？

新聞媒體近幾年對二弟智強西建公司大力宣傳、又被千萬百姓在大街小巷奔相走告的大事，莫過於「新馬泰」過年和組織優秀工人赴蘇滬杭旅遊幾件事。

過去了的這些，之所以被我重新提起、並放在我這個在海內外多多少少有一些小影響的小報一版，乃是因爲：人們只知道吾弟不忘下苦人，對大家如何好，如何在掙了錢之後惠及大眾和親朋，——組織工人旅遊、在遊中欣賞大都市和國外一些住宅建築方面的新潮，進而提升芮城縣及周邊地區的建築檔次和品質，而幾乎除了我以外沒有一個人知道：在組織這些活動的行前安排上，還有更合乎人倫天道、更加人性化、不僅利己、而且利人的想法和作法。

在當今這個「遇事多爲別人著想」的祖先文化被不肖子孫所拋棄、致使西方「爲己而無視他人痛苦」的禽獸文化趁機大量湧入的特殊時期，表現在旅遊中的，也是完全西化了的怪現象：引著模範職工、引著業務關係人出外旅遊者，幾乎大多是：只考慮到這個職工一人或業務關係者本人，並不顧及他的妻子和兒女。

若是不細加思索的話，「不顧及」，也不是多麼大的原則問題：妻子有工作或幹農活丟不開；小孩在讀書，學業也要緊……。但如果詳細認真地觀察思考一番你就會發現，問題並不是那麼簡單：這種只顧及職工一人或業務關係者本人的作法，分明有一個不良企圖暗藏著：到了大都市或西洋文化盛行的國外，給這些人安排洋女人陪床，或者放縱他們去「自由」，從而使這些職工對領導的感激之情上升到高度，回來後加倍賣力；讓業務關係人換換「口味」，使關係進一步加深等等。七八年前襄汾某石膏板廠老總給兒子完婚，半天的款待和盛宴之後，下午要把「貴客」——完全是各縣經銷商、即有權決定銷售誰家產品的小老闆，引到臨汾去「過夜」、去「消費」這件事，就是我親自見證過的一個例。——雖則「親自見證」，卻絕不蹚渾水：我們鳳梅店一班人明白了那個「奧妙」之後，利用天黑前兩個小時的珍貴時間，重回八百年前先祖所在地——臨汾帽兒劉村拜祭了一次，就開著自家的皮卡車夜歸了。

我只所以罵其爲禽獸文化，實在是有著公平合理的道理在其中，——在這個有關旅遊的事情上，我與二弟智強曾經多次地、每次一二十分鐘地暢談後才統一了認識：某人在咱公司幹得好，哪個業務關係人對咱有貢獻，需要獎賞或怎麼一下，比方說，如果可以投資三千元獎勵他，——這三千元，到底是他一個人的收入呢？還是全家的？我們弟兄認爲作爲「田力」——男子漢大丈夫，作爲家庭經濟支柱的他，如果夠格的話，就應該好好工作、爲家庭多增加收入。因而，這三千元人民幣，全家大小都有份。——有份，爲什麼卻被他一個人花去了呢？——老婆日夜操勞家務，甚至在管理屎尿嬰兒時睡不上一夜幹被褥，獎賞從何而來？？？因此，想方設法花去全家收入的這個人，他在此事中，不僅近似禽獸，而且扮演著盜賊的角色！再者：在外與其他女人廝混消遣，說是一點不影響家庭關係，有人信嗎？——在人生的寶貴年華中讓光陰虛度、甚至「邪」度者，對得起列祖列祖、對得起與自己有血緣關係、見了你稱父叫爺的子孫後代嗎？

令人萬分痛心疾首的是：有了幾個錢、有了一些權力之後的有些人，把握不住自己的人生：吃喝嫖賭！甚至專赴大都市玩時尚小姐！——這些人忽略了：你的父輩年輕時走南闖北搞大生意、購買大量土地和騾馬轎車的那個時代，社會上並不是沒有吃喝嫖賭的場合，甚至還有掛牌營業的「蘇州妓女」，而正是由於父輩們當年把握人生、不忘祖德、不變本色，老天爺才給了他兒女成器和子孫滿堂的福報，——即你們弟兄姊妹目下的事業，還有你的兒女十二歲以前的健康狀況和優秀學業。因此，你的後半生、以及兒女們十二歲之後的前程，——還有，必須因你對人類的真誠貢獻才可以見到的孫兒孫女以及他們十二歲以前的一切，都要靠你用「道德品行」去澆灌、才能強於別人的。——雖則批孔砸廟、十年文革之後社會上的正氣日漸薄弱，但把握自己的人生，仍然是自己能夠辦到、不需要求人就能做到的事。

因而此之，二弟智強才在旅遊中號召大家帶著老婆一起去，而且他自己先做表率：從來不做不帶老婆而獨出遠門的事。這樣，既利了自己公司的發展，也利了職工的家庭和諧，還減少了世間的矛盾，不就像本文所說的那樣：行了天道嗎？

「爲人」一詞，已經是說得相當明白了。再說「爲己」吧：旅遊回來後某日，公司有了大事，比方說蓋高樓屋頂打現澆，需要晝夜上班，受到了恩惠的這個職工妻子無疑要這樣勸丈夫：「快去快去，人家老闆多好，誤了事怎麼能對得起人家？我先把小孩哄睡著，十二點後做兩碗熱麵條送給你，快去快去。」——如果進入了禽獸文化，無視職工的家庭關係，而僅僅只照顧那個職工一人的情緒，——並不在意這種情緒是正還是邪，只要對自己有利就可以，——老婆則不會如此這般了。甚至，有些俱備「母老虎」性格者，還要大吵大鬧：「加什麼班？不欠那幾個錢，孩子有病，我身子不爽，你敢去，我與你有死有活！」

看來，注重祖先傳統文化，遇事先站在對方位置上替別人著想，也就自然而然地爲了己。

不願吃虧者就是有德人

有一個歷史階段，報刊雜誌在表彰某「先進人物」時，總要捎七帶八地批評到他的父母、妻子和兒女，「他頂住了家庭某成員的反對和阻力」云云。——而作爲「阻力」的這些家庭成員，其實已經把自己的一部分血汗通過「先進人物」的先進手，白白地奉獻出去了，卻又平白無故地受到口頭和書面的打擊，豈不冤枉？

比方說，我中了「弘揚中華傳統文化」這個「邪」：印報紙、免費發放、郵寄海內外，而家庭有些成員不同意這麼做，——她愛惜和保護自己的家庭財產、不願意把自己的勞動收入白白地給了人，分明是合情合理合法的行爲，一點不失德！——如果我一定要堅持自己的信仰和理念，則必須把現光光的現金和現銀讓她去享用，在保證了她有比較高的生活水準的前提下，咱自己再艱苦一些，再用辛勤勞動的血汗從市場上換飯吃、取得錢財後再買稿紙、再買筆墨、再寫文改稿、再去排版和印刷，——在努力和奮鬥中，自己親自剝蔥剝蒜、洗鍋做飯，也是完全應該的。

前不久溫總理在兩會記者會的講話中擔憂的那個「影響社會穩定、影響政權穩固」的原因，並不是因爲中國出現了一些「不想吃虧者」，而是多吃多占者和非法侵吞者！——如果十三億中國人都像我的老婆那樣：僅僅是「不想吃虧」，但卻遵紀守法、不沾國家便宜、不謀無義之才，那麼，咱們的總理不僅不會擔心「政權穩固」的問題，甚至：公檢法單位、諸多反腐反貪機構及一切監獄都成了多餘。中國人只需煉好身體，把日寇、美帝、沙俄防好就行了。本文標題上說的「不願吃虧者，就是有德人」，道理就在這裏。——至於對高德和大德得追求，只能是：明白了歷史使命和社會責任之後的自己，一個人傾全部身心、不顧及名利地投入，而不是拿家庭其他成員的血汗換名譽。

其實呀，在私有制社會裏，置家庭其他成員——父母、姐弟和妻子兒女的痛苦於不顧，拿他們的血肉去「無私」奉獻的人，無一不是暗藏著不良企圖在心裏：

——自己的父母、姐弟和妻子兒女都不知道去關愛，「愛祖國、愛人民」，能有幾分真實性？

——做人不誠實，把「企圖」隱藏起來的人，人的形象在哪里？

——這不正是百姓切齒痛恨的小則「假積極」和發酵了之後蛻變成形的竊國大盜嗎？

十、有志者事竟成

編者按：兩仟年正月初八爲大女兒曉靜辦婚事，那時的我店，正值裝潢業興盛的黃金時期。因此，給女兒陪個「普桑車」什麼的，花上十萬八萬也不是問題。但我卻不願意過分張狂，——把周圍鄰居、把上門給自己賀喜的親朋一個個壓得抬不起頭、喘不過氣來：迫使他們在羨慕我而產生的慚愧中承受「夫妻不和」、「兒女小看父母」的痛苦。因而，陪了一對二米×一米的橫匾：一方是回憶父親劉開珍的《爲人正派辦事公道》；另一方是敍述二弟智強艱苦創業的《有志者事竟成》。

整整十年過去了，這兩方匾產生的精神力量，千百倍地大過了被勢利小人崇拜的金銀。——我的女兒曉靜和女婿高峰，他們對公爹公婆的孝敬、對鄉鄰親朋的和善、以及一切「運氣」，在華嶽，在縣城，到底怎麼樣呢？眾人自有公論。

不僅眼下，而且：重視道德品質教育，使兒女做正派本份人，有自食其力、自立自強的才具，而沒有學會無度消費惡習，自然還有三五十年以後的遠話。

我的年輕時代經歷了一個人妖顛倒的年代，那時候才華橫溢，精通農活的父親技藝得不到發揮，我們家裏弟兄姊妹又多，生活極度困難。

一九七五年十九歲的二弟智強在縣建築公司當苦力，當時縣委三層樓正在興建。大熱的天，當別人十二點——三點在宿舍午休時，他獨自一人在縣委三樓工地學瓦工，下午六點半下班後，騎著我家的爛自行車，彎著腰向三十五里的家——朱陽村飛奔，（當時還沒有油路）。到家後，吃上兩塊半截磚（玉米饃）一個人到中間窯裏，把門一關，用錘子打石籽。（當時縣上正在興建大禹渡工程，石籽攢滿一車，送到大禹渡可換幾個錢）整整打一夜，雞叫後，再吃兩塊「半截磚」，騎著自行車直接到縣委三樓工地上班——智強就是象這樣夜以繼日，起早貪黑，吃著粗糧，幹著重活，白晝一眼不眨，他曾經堅持過三天。

編後話：任何一個同行，與二弟智強的西建公司公平競爭，都是正大光明的事。但有些人卻乘著月色、輕手輕腳地在黑暗角落貼些匿名「誹謗書」，或者在網上匿名辱罵人，——爹娘給的那個本應光明磊落的姓名卻不敢讓人知道，終生能有什麼成就嗎？

我曾經這樣對人說：吾弟下大苦、吃粗糧、但卻一眼不眨，可以堅持三天—七十二小時，如果你能堅持四天—九十六小時，——有這種血性和骨氣，就有可能戰勝他了。

正如我縣個別在報界或文化界就職、成天憑舌頭過活、在上級面前除了低三下四以外再不敢表現第二種態度的人，卻總要在我面前以「老師」的口吻說三道四，我只能以這麼幾句話回贈他們：我一個人可以完成一張報紙，優劣自有公論的詩詞、散文、小說、雜文、論文都能寫上幾句，——如果你一個人能完成兩張報紙，才可以爲師的。

說實話，除了舌頭較長以外再沒有長處、口稱「孔門弟子」、卻過不了「錢財關」、總想淌著口水沾個小便宜，——這些民族敗類，來當學生，也毀了我們劉家祖宗三代的聲譽。

十一、在求利中不忘義

有一個定義，幾千年來在民間廣泛流傳，被任何一個或官或民、或男或女、或大或小的人公認著：人啊，只要有了錢，就沒有德了。也就是說，只要求利，就不講義了。

因此，這些年來也有不少人用這個定義去衡量我的二弟智強，甚至晃著與舞臺上諸葛亮很相似的腦袋、裝出偉人聖賢的神氣而信口雌黃，才使我覺得有了厘清事實以挽救此類的必要。

什麼意思呢？——清者自清，濁者自濁。有道是：傷人一分，自傷三分：自古以來受到天譴而斷子絕孫、甚至在車禍天災中缺胳膊少腿者，總是傷人者；但受害者，卻一點事也沒有所以我「厘清事實」在於挽救此類，二弟智強並沒有什麼明顯的收益。——以我的父親爲例：四五十年前受晚輩和黨員幹部欺負，但如今呢？他的子孫得到了、享受到了他這棵大樹的福澤，而那些年欺天的惡人則不斷承受著天譴。

言歸正傳：

闡述二弟智強如何處理義和利的問題，我不願重複新聞媒體不斷宣傳的「三十萬建校」、「多少錢修路」、「災區支援」等等，因爲一般老百姓總是信服民間生活中可以感覺得到的、親民愛民的「小事」，對於報刊上、電視上宣傳的「大事」，都有這樣或那樣的說法。——因此，只說幾件媒體不知道的、出自天良而得不到一點名利的小事，或許更有利於彰顯我要闡述的主題。

——我的兒子爲前妻所生，因而也就帶來了一些「天然」的矛盾。在爲兒子完婚的問題上我的家庭裏一度陷入僵局時，他曾試圖把侄子結婚的事完全承擔起來。——因爲他明白：因爲長孫自小無娘、沒有完婚，所以父親咽氣後卻一直閉不上眼睛，後來在我的妻子與兒子和睦後所辦理的婚事中，他也給予了很大的幫助。

——五六年前我的一個姨姨有困難，我把情況告訴他之後，他立即派人給姨姨送去了爐子、煙囪和煤炭，把溫暖送到了饑寒者身上。

——石油公司李號軍（電話：13935999896）的兒子遭車禍亡故之後，有些需要得到解決的實際困難，我去電話給他，他立馬就給予了很大的幫助，促成了事情的解決。

——三十多年前我們家大恩人王光華離休後，頓時「門前冷落車馬稀」，「受人滴水之恩，當以湧泉相報」，他多次在王縣長生前和死後給予了實實在在的、相當實惠的幫助。（電話：7787297）

——三十多年前於我們家、主要是於我自己有恩的風陵渡運輸站司機趙韓鎮之子趙廣威（電話：13835898686）有些事需要到縣政府求人說話，他不僅答應的滿展，而且辦理的有始也有終。

——我的一個親戚薛葉葉（電話：15935944641）本來就有困難，又死了丈夫，雪上加霜，他多次給城建局領導去電話，安排其當環衛工人，有了可靠的活計和收入。

——四十年前於我們家有恩的藥材公司呂乾樂老先生（電話：3029311）沒有地方住，他也盡心盡力地安排手下人，給予解決。

——我縣書法家范世平（電話：15534869707）原單位破產、領取退休金又不到年齡，他聽說後，立即給西建物業公司負責人李憲剛交代，盡心儘快地給予解決。

——至於四五十年前於我們家有恩的本家人進倉哥，東陌大姨的兒和孫，以及所有的親戚和朋友，沒有得到他幫助和支援的，一個也沒有！！！

——請問諸君：在舉不勝舉的這些事例中，如果不是「義」的作用使然，所求的利又在哪裏？

前不久成都大學某教授在《百家講壇》中講關公時這樣說：孔廟，一個縣有一個；而關帝廟，卻是每個村都有的，甚至南洋各國也不少。

——爲什麼呢？因爲自古以來，「忠」者，爲當權者所賞識；而不忘百姓的「義」者，卻爲皇上所不容。而武聖雲長公，只所以盛名尤其，是因爲他不僅忠，而且義。

十二、「中華道德型」的企業家形象

庚寅年七月十八日晚上戌亥時分，在我縣街心廣場文廟後的休閒桌旁，經張亦農先生介紹，偶然幸識了原市志辦景惠西老師。在張主任向景先生詳細介紹我的二弟智強對芮城、對運城、乃至對山西的重大貢獻之後，作爲長兄、自然對弟弟的瞭解要多於外人的我，講了有別於他人的一個觀點：二弟這個企業家與我們身邊的其他企業家不同，真正是傳統文化意義上的、中華道德型的企業家。

什麼意思呢?在一般國人眼裏的企業家，是這樣一種形象：中等個子，體胖頭圓，穿著闊氣，油光滑亮的平頭或背頭，佩戴大號墨鏡，一般人不說見上人家一面、甚至撥打其電話和手機、說上一半句話也相當不易。至於親戚朋友中那些有實際困難、農民膚色、衣衫爛陋者到其辦公室、在豪華闊氣的牛皮沙發上坐一半秒鐘，更是天外奇聞了。

而咱這個二弟智強卻恰恰相反於那種「偉大型」：胖瘦適度的體態、個子較高的身材，芮城鄉音的土話……。雖則多次參加縣、市、省的不少會議，面見不少級別較高的領導，但穿著、說話、步調及生活習慣，仍然與出生地——西陌鄉朱陽村那些父老鄉親沒有太大的區別，更不用說佩戴墨鏡那種超人萬倍的打扮了。——毫無疑問：這種不善於「先發制人」的、低調做人的形象，在西建公司起步階段，無論如何是被人看不起、甚至免不了被「鼠目」之徒所欺侮。——問題是：十年、二十年之後，還是讓他們眼裏的「寸光」延長了千百倍。

正如有些在粗人面前顯示「文化大家」、或者在學校帶過幾年孩童課就目空一切、就自以爲高人一等的裝畫鬼文化人那樣，一旦落實到實處，——寫個一半千字的小文，便關上房門，眼睛半睁半眯，一會飲茶提神，一會吸煙驅鬼，那神秘勁，好像比指揮淮海戰役還傷神。——此類「文化人」最精神飽滿、最風華正茂的是：一旦聞到什麼地方有了酒肉攤子的那一會，——僅僅只有那一會。

兄長寫弟弟，很容易被人冠以「王婆賣瓜」。因而有必要聲明：如果哪位讀者發現什麼地方有類似吾弟智強這樣：既功績卓著、又平易近人、還艱苦樸素、更樂於助人，——尤其是經常不計名利而幫助弱勢群體的企業家，請來信來電告訴我，我一定登門拜訪，並將其「光輝形象」介紹給大家，而且請您吃上一次不上不下的中餐。——我明白：見到這幾句話後，你就啞口無言了，因爲你根本找不到一個！道理很簡單：上文中所說的那類「墨鏡式」企業家，他們維持一流派頭及高檔消費的來源，不外乎兩個地方：（1）、銀行貸款；（2）、虧待下苦人。——而這兩個孿生姐妹，又是我們劉家世世代代所鄙視和看不起的兩個孽種。

十三、天無絶人之路

在城市農村，在大街小巷，在我們每個人每天不斷看到和聽到的許多個場合裏，經常聽到有些終生沒有什麼作爲的人，總是把「不能成功」的原因歸結到「不幸的時代」、「倒楣的環境」方面。——意思是說：如果條件合適，他那顆「奇特的種子」定能與古今中外一切偉人聖賢比高低。

這種「偉人胚胎」忽略了一點：有史以來的險惡時代和環境儘管很多，但是，之所以能一路走過來，歷史的車輪永不停息地向前推動、而沒有滯留在那個時代裏，乃是因爲：總是要出現孔子孟子、陳勝吳廣、劉邦項羽、朱元璋、李自成、孫中山、蔣介石、鄧小平式的人物來收拾殘局，來拯救百姓萬民的。也就是說，在上述這些偉人的作爲沒有充分展現出來以前的惡劣條件下，也總是要有那麼一批爲數不少的人搖頭晃腦、無計可施、認爲社會再也沒有整理順暢的希望了。

在這裏，我打一個極小的比方，也許對於讀者詮釋上述的大題目有一些化解的作用。

在二十多年前兩弟的西陌建築公司剛剛起步階段的有一次，我與二弟智強在西安購買鋼範本，利用忙碌之餘、有幸得到的一點空閒時間，到動物園去觀賞。

剛下了X路公共汽車，就有兩個熱情異常的人主動迎上來，要爲我們拍照留念，並且拍著胸脯保證：一兩個小時後我們從動物園出來時，就可以拿到照片。

不經常出門、更不多去大城市的我們弟兄倆，一聽說馬上就看到了自己在異地的彩照，自然也就立即應諾了。

豈不知，出了動物園大門後，在二十多分鐘裏的七八次催問中，總是只能得到「等一下」、「馬上來」這麼六個字。身在異鄉異地、不僅急著辦事、又陷入深感被人愚弄的懊惱中的我們弟兄倆，可以說，幾乎氣炸了心肺。——怎麼辦呢？我和二弟站在距離人家照相點二十多米的地方幹急不出汗。

如果按照「偉人胚胎」的話，除了把地址留下讓人家郵到山西芮城，則別無良策了。但是那樣一來，豈不便宜了這一夥騙子？——只見二弟盯著那夥人看了幾分鐘，突然對我說：「你看，他們用兩個人專門到公共汽車站牌前接客，一旦汽車到站、就巧言欺騙眾多遊客上了他們的鉤，另一個人專門照相，雖然對每個人都說是『出來就拿相片』，但在這麼長時間裏，卻沒有看見一個人拿到。現在的情況是咱急人家卻不急，如果咱們上前和他理論，甚至吵鬧一番，影響了他這個生意的流程、造成了他急咱不急的局面之後，問題可能就解決了。」

一試，果然靈驗。那三個人——兩女一男眼看著：在我們「大聲哄吵產生了功效」後，不少客人不再上當、越喊越遠了；眼看著：這兩個明顯有理、因而不甘受騙的山西大漢根本沒有善罷甘休的一點意思，只好安排了其中一個女人引著我們、並爲我們買了車票，到洗相處取出了我們的幾幀照片。——不要忘記：來自全國各地的上當受騙者衆多——幾乎與牛毛等量，但除了山西芮城這弟兄二人以外，完全是自認倒楣了！

而照「偉人胚胎」之流怨天尤人的理論：外地人在異地挨宰，沒法；如今腐敗嚴重，想幹大企業，處處是障礙，沒法；父母看病或喪葬，兒女們心有餘而力不及，沒法；眼看著子侄長大無業、親朋有困難、找不到合適的工作，沒法；眼看著村裏的學校和被毀壞幾十年的娘娘廟修復不起，沒法；眼看著道德淪喪，好人被欺、壞人囂張，沒法；在腐敗盛行的地方，本來與政治沾不上邊的文學藝術只能拍舔胸無點墨的政治人物，沒法；文化人在腐敗分子手下想成名成家，除了迎喝下巴水以外無良策，沒法；孔門弟子拜倒在銅臭的腳下，沒法；逢上了既蠻又橫、貪財愛利、不懂禮儀的老婆，只能放棄志向、只能葬送人生只有一次的、與生命息息相關的前程，沒法……

天無絕人之路。——只要誠懇，只要把「爲國爲民耗盡最後一滴血」當做人生的最高境界，什麼情況下都有法。——《易經》六十四卦艮卦中，由硬脊樑的「艮」字與誠實的「心」字合成，——這兩字，構建成了誠懇的「懇」字。——只要誠懇，有什麼堡壘不能攻破呢？？？

十四、不知報恩的人永遠比屁蛋

前不久，——秋去冬來的一個下午，我與二弟智強坐在母親身邊的椅子上閒聊，他望著從法國桐樹上「嘩嘩」落地、再被冷風無情地推搡著、在百般無奈中擦著地皮、而「唰唰」離去的殘葉，突然深有感觸地對我說：「那年冬天我與三弟智民要不是在糖業煙酒公司打工的那一個多月，那個年真不知道該如何渡過？」

我記憶猶新：農曆一九七五年八月，他與三弟智民分別去了縣建築公司和風陵渡鑄造廠，由於那兩個單位效益不是很好，又因寒冬降臨而徹底放了假。

怎麼辦呢？父親年邁、作爲長子的我可就急壞了：在春節前的這一個多月裏，十九歲和十六歲的兩弟在家無事可幹、光吃窩窩頭蘸鹽水所需要的那一百多斤玉米，都是根本買不起的！

車到山前必有路：聽人說縣糖業煙酒公司春節前要加工一部分麻片、點心、江米條等食品供應市場，需招收二三十個季節性的臨時工，因而立即找到工業局辦公室主任呂國明和教育局局長郝瑞五，求他們每人給糖酒公司經理孫永福寫了一封信，——因爲我的木匠斧子在這兩個權力人家揮動過，而且這把斧子，是當時芮城縣城裏最有份量的一把。我店薛小琴常常這樣說：三十五年前您從事木匠手藝，活幹得比人強；二十五年前演變爲木器加工廠，幾乎完全佔領了當時的市場；十五年前又把鳳梅小店發展成大商店，作了那個行業的領頭羊；十年前開始從事文化編寫報紙，讀者發展到歐美、南洋、港澳臺；——也就是說，不論幹哪一行，只要身體能挪動、有一口氣，都一定要在該行業裏獨佔鰲頭，絕不可能低人一截而甘拜下風。

扯得遠了，言歸正傳：話說兩弟各執一信去糖業煙酒公司見了孫經理、並得到允許、在那裏幹了一個多月，不僅掙了幾個錢，而且還可以時不時地送一些食品到嘴裏，塡補饑腸。——不要忘記，在當時的條件下，麻片點心這些含糖較大的東西，只有極個別的當權之人，才有可能在一半年裏嘗到三兩口！——一半年、三兩口！！！——那時，也不知是愚昧無知、還是中了什麼邪氣的我們，總以爲自己身處生活幸福的糖罐裏、並且還試圖不知恢慚地去解放「世界上三分之二沒有獲得解放」、「希望我們去解放的人民」：英美法、德意日、港澳臺，——還認爲那些「生活在水深火熱之中」的人民比我們窮得多，連看到糕點的眼福也沒有！！！直到世紀偉人鄧小平平叛了浩劫、親手打開了封閉已久的國門、讓中國人走向了世界之後我們才發現：「世界上三分之二的人民生活在蔚藍色的天空下，並不希望誰去解放人家。」並且不長時間，中國人也得到肉吃膩了的、糖吃夠了的、真真切切的、而不是欺騙世人的生活。

「大哥」，當我們弟兄倆從辛酸的回憶中返回到幸福生活的現實中之後，二弟很鄭重地對我說：「我實在太忙，你抽時間打聽一下那個孫經理如今的住址和電話，我抽時間登門向人家致謝。」

號稱「路路通」的劉有光老先生應了我的求之後，次日便把二弟所需要的一切「情報」弄明白，從而了卻了我們弟兄三人三十五年來魂牽夢繞的一個心願。

芮城縣電視臺王照威先生所俱備的才識與境界，雖則與「高人聖賢」想比，還有一定距離。但他在《我瞭解焦智二三事》一文的末段所寫的那句話，卻是實實在在的真理，放之四海而皆準：「世上總是報仇的人多而報恩的人少，因爲報恩，不僅得不到肉眼可見的利益、沒有多麼大的現實意義，而且是需要輸出代價的……。」

報恩，輸出，這幾乎是西建公司發展史上最有長遠意義的、一般很少有人重視的一個精華。不是嗎？不輸出肥和水的代價，地裏能長莊稼和蔬菜嗎？——一字不識的的老百姓嘴裏也常常出經典：你哄它，他也一定要哄你。不拿出真情，幹任何一種行當也不可能有什麼成就。

三四十年前跟著我學藝、成天「劉師長、劉師短」的某些人，如今見了我卻直呼「焦智」，——我根本不用瞭解，立即就能斷定他仍然在「比屁不蛋」的生活中，因爲不知道報恩、沒有良知的人一定是這個屁樣子；幾十年來我接濟過的有些學生（註），當時感動落淚，而今見了我卻裝作不認識，——也不用細問，就可以知道他在「比屁不蛋」的事業中、在「妻管嚴」的家庭中苦苦地掙扎，絕對不可能有什麼大的成就和福澤，原因仍然與上述等同。

其實呀，我的批評幾乎可以稱之謂「杞人憂天」，一點用處也沒有。——規律總是規律：如果人世間發生的一切事都違背了王照威先生的論斷：全都成了「知恩必報的知書達理人」，成了重情重義的「人上人」，那麼，人類社會中那些、那些和那些事，又讓誰去幹呢？——人人都坐了轎、沒有抬轎的人怎麼能行呢？？？

註：我在陌南中學讀書的一九六四年冬天，東陌表兄蘇京敏從新疆衣錦還鄉，一個禮拜日我去看望他，分別時他贈我五元錢；一九六六年冬天我作為「保衛黨中央」、「保衛毛主席」的「紅衛兵」步行長征到北京住了一個月，期間抽了半天時間，去看望

在北京部隊服役的兩位表兄：萬莊三鋼和柏社社娃，離開時，他倆分別贈我五元和兩元（當時每個戰士一個月只有六元錢！）。——自那以後的幾十年裏，我開始履行傳統文化中一條不成文的規則：無論我去看望親朋子女中一些在校讀書的學生，還是這些學生上門看望我，都要根據實際情況給一些現金。——因為在外讀書的學生（腐官子女除外），幾乎無一不是生活在「總是缺錢」的可憐中。——或許這正是古文中「十年寒窗」的來由吧。如果「寒窗」一詞指的僅僅是天氣冷，那麼，除春、夏、秋外，每年也只有三個月的「寒窗」，其餘九個月的窗戶，不是「熱」、就是「溫」了；再者，南方不少地方冬天也不冷，哪來的寒窗呢？因此可以斷言：「寒窗」一詞，說的正是讀書人、從事文化事業者十分清寒、總是缺錢花。不然，「光臨寒舍」一詞，就只能用在冬季，而春、夏、秋三季就用不上了，只能換上「光臨熱舍」或「光臨溫舍」了。

有人說我年老之後卻仍然能有比較好的智力發揮，——看見了吧？那是我承繼了父輩傳給我們弟兄四個的精神財富：四五十年前受到別人的「滴水之恩」，至今仍然念念不忘，並且不斷地、不失時機地報答著。

結論 給祖國，我們心中永恆的中國，忠誠的檢討、建議

我等三人的「祖國山西芮城三人行」，從二〇一〇年十月二十九日大早，從台北出發，除吳元俊兄提前一天出發，吳信義兄與我同行。

第一天我們從西安到芮城，第七天（十一月四日）從芮城，經三門峽、洛陽，到鄭州。第八天從鄭州乘高鐵到西安，第九天從西安經香港，回到台北。本書寫到這裡，已是回台灣四個多月了，結論部份僅針對考察缺失，提出檢討、建議。

第一、空氣污染嚴重，尤其大城市，如西安、洛陽、鄭州、三門峽，所到之處，天空灰濛濛一片。小城鎮也差不多，想必這是經濟發展的負面問題。我看到報紙報導更可怕的事，美國「沙加緬度勤奮者報」（Sacramento Bee）調查報告，加州電子廢棄物每

年約有兩億一千萬磅，因回收利潤低，竟幾乎全部輸往中國，在中國土地上大量分解、燃燒，嚴重污染中國土地、水源和人民。（詳見人間福報，二〇一〇年十二月一日，第五版。）

此種事，如同另一種「鴉片」，且更可怕，鴉片傷人傷財；而電子廢物的毒污染水源、土地，可能達百年以上，傷害至深。惟期待人民的覺醒，而能改進。

第二、所到各種宗教道場（寺、廟、宮），通常有寺無僧，大陸各地概約如是。表示道場的硬體建築和內部設施，只是一種歷史文化遺跡，而不是宗教信仰；或當成觀光產品，拜一支香收多少錢等，均見佛教、道教想在中國大地復興起來，至少再經三十年的努力。

第三、社會發展與轉型的種種問題，須加速改善。例如遵守交通秩序的習慣、一般人民的衛生習慣、到處胡亂要價收費，城市裡的「無障礙」動線規劃更是別提了。這些「小地方」、細的方面，大約是台灣一九八〇年代的情況。

第四、民怨。或許走遍萬國，可能都有民怨。這次芮城行，我在鄭州、西安接觸到下層民眾，如司機、小販、農民等，聽到的民怨，最多是貧富差距和官員貪污。這真是很複雜的問題，可能要兩篇論文才能說清楚。

例如，台灣和大陸那邊貪污嚴重？就以近一年多來看，台灣有陳水扁家族貪污洗錢案、台北捷運職員集體貪污案、高雄法官集體貪污案……

二〇一〇年十二月二十二日，兩岸新聞都報導，遼寧省撫順市國土資源局順城分局前局長羅亞平，被以貪污罪判死刑，太快民心！

大陸至少敢不「鳥」國際人權組織，對那些該死的通通判死刑；陳水扁洗錢案，法官還判無罪，台灣的法律正義何在呢？

但不論兩岸那一岸，民怨都要設法解決。任何統治者要警惕「得民者倡、失民者亡」「得民心得天下」之古訓，才是長治久安之道。

第五、台獨問題。這本和此行無關，但說無關亦有關，說有關也無關，與我何干？只是在大陸常有人私下問這類問題。

台獨說是問題也是問題，說不是問題也不是問題。說簡單亦不簡單，在本書前面已有略論，這裡從兩個面向切入再簡說。

「台獨不是問題」。因爲再五十年、百年、千年也搞不成，除非中國領導人或半數以上人民說：「你們走吧！」但此種情形發生率是「零」，一件永遠不會成爲真實的事，怎會是「問題」呢？

滿清末年中國處於最弱狀態，台獨（台灣民主國）都得不到國際支持，何況現在中國崛起了。所以，台獨不是問題。

「台獨是問題」。就兩岸現狀及台灣內部看，台獨是個問題，有問題要解決問題，解決之道，不外政治、經濟和文化三管齊下。而中國的國防武力（總體國力）是一個「致命的力量」，切斷一切外力的干預，到那時，不統一也難，謂之水到渠成。

第六、關於中國民主的問題，私下也常有大陸朋友提起，這很複雜，也只能簡說。原則上，西方那套民主政治不適合搬到中國用，中國發展出「中國式民主政治」，目前的中國政治制度正是在實驗這種中國式民主政治。

至於是否有機會推行兩黨政治，我以爲那是枝節的問題。只要「中國式民主政治」成爲世界另一種典範，一黨執政比兩黨或多黨好的太多。（趣者可另見拙著「中國式民主政治研究要綱」一書，台北，文史哲出版，二〇一一年二月。）

本書作者著編譯作品目錄

幼獅文化出版公司	（性質）	（定價）
①國家安全與情治機關的弔詭		200 元
大人物出版公司		
②決戰閏八月：中共武力犯台研究		250 元
③防衛大台灣：台海安全與三軍戰略大佈局		350 元
④非常傳銷學（合著）	直銷教材	250 元
黎明文化出版公司		
⑤孫子實戰經驗研究	兵法研究	290 元
⑥解開兩岸十大弔詭	兩岸解謎	280 元
⑦大陸政策與兩岸關係	政治研究	280 元
慧明出版社		
⑧從地獄歸來：愛倫坡（Edgar Allan Poe）小說選		200 元
⑨尋找一座山：陳福成創作集	現代詩	260 元
全華出版社		
⑩軍事研究概論（合著）		250 元
龍騰出版社		
⑪—⑭國防通識（著編）	高中職學生課本	部頒教科書
⑮—⑱國防通識（著編）	高中職教師用書	部頒教科書
時英出版社		
⑲五十不惑：一個軍校生的半生塵影	回憶錄	300 元
⑳國家安全與戰略關係	戰略・國安	300 元
中國學四部曲：		
㉑首部曲：中國歷代戰爭新詮	戰爭研究	350 元
㉒二部曲：中國政治思想新詮	思想研究	400 元
㉓三部曲：中國四大兵法家新詮（孫子、吳起、孫臏、孔明）		350 元
㉔四部曲：中國近代黨派發展研究新詮		350 元
㉕春秋記實	現代詩	250 元
㉖歷史上的三把利刃	歷史研究	250 元
㉗國家安全論壇	學術研究	350 元
㉘性情世界：陳福成詩選	現代詩	300 元
㉙新領導與管理實務：新叢林時代領袖群倫的政治智慧		350 元
秀威出版社		
㉚赤縣行腳・神州心旅	現代詩・傳統詩	260 元
㉛八方風雨・性情世界	詩・文・評	300 元
㉜男人和女人的情話真話	人生真言・小品	250 元
文史哲出版社		
㉝一個軍校生的台大閒情	詩・小品・啟蒙	280 元

㉞春秋正義	春秋論述・學術	300 元
㉟頓悟學習	人生・頓悟・小品	260 元
㊱公主與王子的夢幻	人生・啟蒙・小品	300 元
㊲幻夢花開一江山	傳統詩詞風格	200 元
㊳奇謀迷情與輪迴（一）被詛咒的島嶼	小說	220 元
㊴奇謀迷情與輪迴（二）進出三界大滅絕	小說	220 元
㊵奇謀迷情與輪迴（三）我的中陰身經歷記	小說	300 元
㊶春秋詩選	現代詩	380 元
㊷愛倫坡（Edgar Allan Poe）經典小說新選		280 元
㊸神劍或屠刀	思想研究	220 元
㊹洄游的鮭魚	四川重慶成都之旅	300 元
㊺山西芮城劉焦智「鳳梅人」報研究	春秋典型人物研究	340 元
㊻古道・秋風・瘦筆	春秋批判・小品	280 元
㊼三月詩會研究：春秋大業十八年	三月詩會研究	560 元
㊽春秋圖鑑：回頭看中國近百年史（編）	三千六百張圖照說明	
㊾二〇〇八這一年，我們良心在那裡？（編）		
㊿中國意象（編）	二千張圖照	
51台灣邊陲之美	詩・散文	
52奇謀・迷情・輪迴小說（合訂本）		760 元
53在「鳳梅人」小橋上：山西芮城三人行旅行文學	旅遊、考察、文學	480 元
54陳福成作品講評論文集（編）		
55中國民間神譜（編）		
56我所知道的孫大公：黃埔二十八期孫大公研究	春秋典型	320 元
57找尋理想國 — 中國式民主政治研究要綱	政治思想	160 元
58漸凍英雄陳宏 — 他和劉學慧的傳奇故事	勵志典型	
59天帝教研究		

唐山出版社

60公館台大地區開發史	地方文史研究
61從皈依到短期出家	不同人生體驗

購買方法：

方法 1.全國各書店　　方法 2.各出版社
方法 3.郵局劃撥帳號：2259-0266　戶名：鄭聯臺
方法 4.電腦鍵入關鍵字：博客來網路書店→時英出版社
方法 5.時英出版社　電話：（02）2363-7348、（02）2363-4803
地址：台北市新生南路 3 段 88 號 3 樓之 1
方法 6.秀威資訊科技公司　電話：（02）2796-3638
地址：台北市內湖區瑞光路 76 巷 65 號 1 樓
方法 7.文史哲出版社：（02）2351-1028　郵政劃撥：16180175
地址：100 台北市羅斯福路 1 段 72 巷 4 號

附記：以上各書凡有訂價者均已正式出版完畢，部頒教科書未訂價。另有未訂價者均在近期出版。